SOY
LA MADRE
NATURALEZA

MARÍA JOSÉ FLAQUÉ

SOY LA MADRE NATURALEZA

EL PLAN DE 40 DÍAS
QUE TE CONECTARÁ CON
LA ABUNDANCIA INFINITA

Grijalbo

Papel certificado por el Forest Stewardship Council®

Primera edición: enero de 2023

© 2022, María José Flaqué
© 2022, Penguin Random House Grupo Editorial, S. A. S.
Carrera 7 # 75-51, piso 7, Bogotá, Colombia
© 2023, Penguin Random House Grupo Editorial, S. A. U.
Travessera de Gràcia, 47-49. 08021 Barcelona
Círculo de escarcha de la cubierta y de las páginas interiores: © Starline, Freepik
Diseño de las páginas interiores: Patricia Martínez Linares

Printed in Spain – Impreso en España

ISBN: 978-84-253-6341-2
Depósito legal: B-20.250-2022

Compuesto en Pleca Digital, S. L. U.

Impreso en Black Print CPI Ibérica
Sant Andreu de la Barca (Barcelona)

GR 6 3 4 1 2

A la Madre.
Gracias por cuidar de mí con tanto amor
y cariño y enseñarme que soy merecedora
de tu amor incondicional.

ÍNDICE

EL PROGRAMA
BIENVENIDA, ABUNDANCIA
PARTE DOS

INTRODUCCIÓN

¡BIENVENIDA!

Has recorrido un largo camino para llegar hasta aquí y has llegado al punto de creación donde todo es posible y todo está listo para ser revelado. Estás lista para soltar lo conocido, lo antiguo y abrirte a lo nuevo. Estás preparada para activar la abundancia infinita que habita en ti y compartirla con el mundo.

La abundancia es una energía divina de alta frecuencia que apoya tu propósito en la vida. Ella está aquí para ayudarte a ser tú misma, a vivir en expansión y a compartir tus creaciones con el mundo. Su energía es neutral y expansiva. Ella te ayuda a atraer las oportunidades, los recursos, el dinero y las relaciones que necesitas para aprender las lecciones que pactó tu alma y conocerte mejor en esta experiencia humana. Ella también amplifica la energía que estás emitiendo al campo, porque siempre está en expansión, al igual que el universo. Al ser una energía neutral que amplifica, depende de ti la forma que toman las manifestaciones físicas. Por eso es tan importante el trabajo que harás en este libro sobre tu sistema de creencias y emociones. Al mantener un sistema de creencias expansivo, la abundancia amplificará esto.

La Madre Naturaleza es la representación máxima de la abundancia en el mundo. Ella sustenta a toda la creación con amor incondicional, permitiendo que toda la vida cumpla con su propósito divino y se mantenga en expansión. La naturaleza sostiene códigos sagrados importantes que te recuerdan tu verdad divina y te entregan las claves para traer más abundancia a tu vida.

En este libro aprenderás que tu estado natural ya es abundante y que la conexión con la abundancia siempre está contigo. Eres un ser espiritual que ya tiene absolutamente todo lo que necesita para cumplir con su propósito en este mundo. La energía de la abundancia te enseña que la conexión con ella viene de un estado interno, no de lo externo o de las cosas materiales. El mundo externo es ilusorio y temporal. Si intentas buscar la abundancia allí, nunca la encontrarás. La verdadera plenitud procede de la conexión con la fuente de creación, con la divinidad. Esa es y siempre será tu fuente de abundancia más pura.

Al igual que mis tres libros anteriores, este fue un gran regalo de la divinidad que llegó en el momento perfecto. Las palabras que escribo son mi medicina y se revelan para ayudarme a sanar. La energía de la abundancia me ha ayudado a crecer y a entender lo infinita que es mi luz. Con mucha compasión, ella me ha enseñado a vivir en este mundo con un corazón abierto y vulnerable. Me ha enseñado que, para vivir la vida en su plenitud, tengo que estar dispuesta a sentir todas las emociones sin juzgarlas ni suprimirlas. Esto incluye experimentar el dolor y las desilusiones con la misma intensidad que el amor y la alegría.

La abundancia también me ha enseñado a observar mi sistema de creencias, mis pensamientos limitantes y los lugares donde limito mi crecimiento. He recibido sus enseñanzas con humildad y, aunque a veces han sido dolorosas, siempre me han llevado a un lugar mejor.

Pero el regalo más grande que me ha entregado la energía de la abundancia es el de observar mi relación con la Madre Naturaleza y sus ciclos de vida. Cuando entendí el concepto según el cual yo soy la Madre Naturaleza y que mi vida es el reflejo de ella, comprendí mejor mi propio crecimiento, al igual que mi propósito en la Tierra. Las reglas de la naturaleza también se aplican a mi vida y, si las honro, el camino se vuelve más placentero y fluido. La energía de la creación lo permea todo y mueve a la naturaleza entera, incluyendo a cada ser humano que habita en ella. Todo en la naturaleza está en constante movimiento y no hay crecimiento sin incomodidad. Pero nunca estamos solas en el camino. La luz divina nos protege y nos guía en todo momento. El amor que nos cubre a diario es incondicional. Toda esta experiencia humana es una bella creación hecha con el único propósito de conectarnos más con la divinidad, de recordarnos quiénes somos.

Una de mis misiones en la vida es ayudarte a romper las estructuras y creencias distorsionadas que te separan de la verdad divina. Yo represento un patrón energético, soy la mensajera que trae información a este espacio. Estoy aquí para ayudarte a cuestionar las creencias impuestas por otros que te mantienen en una realidad limitada. No sostengo la verdad absoluta y soy una persona en constante crecimiento, como tú.

En este libro comparto contigo mi recorrido con la abundancia y los códigos energéticos que he recibido en mi camino. Estos códigos sostienen una frecuencia específica y se te entregan no solo a través de las palabras que lees, sino también a través de la frecuencia e intención con la que escribo estas palabras. Cuando las frecuencias, la información y los códigos energéticos que comparto contigo entran en tu campo, automáticamente cambian tu forma de entender la realidad y transforman la manera en que te relacionas con tu mundo. Estos códigos te harán recordar tu esencia y despertarán información que ya tienes dentro de ti. Cuando tu energía cambia, tu realidad se transforma.

Algunas cosas que leerás en este libro te podrán incomodar, y no tienes que estar de acuerdo con todo lo que escribo. Agradece y bendice todas las emociones, las creencias y las opiniones que salen a la superficie mientras lo lees, porque todas son una oportunidad de aprendizaje. Si la forma en la que percibes tu mundo nunca cambia, tu realidad externa tampoco lo hará. Cuando cuestionas todo lo que vives, todo lo que piensas, incluso lo que te incomoda o lo que no quieres cambiar, estás abriendo espacio para que entre más luz en tu vida. La oportunidad que tienes de revisar tus creencias, de cambiarlas y de vivir una nueva realidad es un regalo que la vida te entrega. Te invito a abrirte al espacio de vivir sin juicios y desde el corazón, luego podrás escoger las creencias que sientas que resuenan en ti. Explora lo que está aquí, listo para ser descubierto en estas páginas. No hay nada más real que vivir bajo tu propia verdad y ser tan libre que puedas escoger qué experiencias quieres vivir en tu vida.

Este libro está diseñado para apoyarte a la hora de acelerar la manifestación de tus sueños. Es un espacio de alta frecuencia que te recuerda que puedes tener cualquier cosa que deseas y que tu nueva realidad ya está aquí, lista para ser vivida. Entre sus páginas encontrarás los recordatorios de tu verdad y la luz que habita en ti, un recordatorio de que eres la expresión del amor incondicional divino.

No olvides nunca que tu vida es tu creación. El mundo en el que vives puede retar tu seguridad, tu confianza en ti misma, tu convicción y tu fuerza interna. Pero siempre ten presente que tu mundo interno te pertenece. Eres la reina de tu universo, y tu libertad y tu soberanía te pertenecen. Tu capacidad de soñar y vibrar en otra dimensión es un regalo mágico que recibes a diario.

Nuevamente bienvenida a este recorrido divino con la energía de la abundancia. Recuerda que no estás sola, te acompañan muchos seres de luz, tus guías, los espíritus animales y la Madre Naturaleza. Estás protegida y eres profundamente amada por la divinidad. Eres una creación perfecta y tienes un propósito divino que cumplir.

Gracias por permitirme ser parte de tu camino, es un honor compartir contigo en este libro los códigos de la abundancia de la Madre Naturaleza.

Con cariño,

M J

PARA EMPEZAR

Bienvenida al programa de 40 días para conectarte con la energía de la abundancia. Es un honor tenerte aquí y acompañarte en tu proceso de conexión con esta frecuencia tan poderosa. A lo largo de este programa limpiaremos tu campo de los códigos limitantes y energías de baja frecuencia que impiden que sientas la vibración de la abundancia con mayor facilidad y que seas la expresión de esta energía divina en el mundo.

ALGUNOS DE LOS PATRONES QUE ESTARÁS LIBERANDO SON:

- **El patrón de escasez en torno al dinero y la abundancia:** Trabajarás las creencias de que no hay suficientes recursos o dinero para que todas las almas del planeta puedan disfrutar de la vida y el patrón de que no hay suficiente abundancia para que tú puedas cumplir tu propósito de vida y ser feliz.

- **La dificultad de recibir la abundancia:** Trabajarás la creencia de que es difícil recibir más abundancia, los patrones de dificultad en torno a la manifestación de tus sueños, y romperás los obstáculos principales que impiden que este trabajo energético funcione en tu campo.

- **Los patrones de la envidia, los celos o el egoísmo:**
  Estos patrones tienen su origen en la separación de ti misma y también de la energía de la abundancia. Trabajarás en limpiarlos de raíz, entendiendo que tu mundo está creado por ti y es un reflejo de tu sistema de creencias, emociones y frecuencia diaria.

- **La confusión y la falta de claridad:**
  Te ayudaré a aportar más claridad a tus deseos y patrones de comportamiento. Esto te servirá para convertirte en un canal más limpio de transmisión y abrirte más a la abundancia infinita.

AL FINALIZAR ESTE PROGRAMA:

- Te sentirás más segura con respecto a tus deseos y verás tu camino con mayor facilidad.
- Experimentarás menos bloqueos mentales y limpiarás muchas de las creencias inconscientes sobre la abundancia que están creando una realidad distinta a la que deseas ver.
- Tu realidad externa reflejará estos cambios y notarás que te resulta más fácil manifestar cosas nuevas en tu vida y que eres más consciente de cómo estás creando tu realidad.
- Lograrás canalizar la energía de la abundancia para la manifestación de tus sueños y apoyarás así tu propósito de vida.

El trabajo que realizarás en este programa es cien por cien energético, por lo que es importante que te abras a él con amor y confianza en lo desconocido. Recuerda que la clave está en hacer los ejercicios diarios, ya que estos te ayudarán a empujar a la superficie cualquier creencia o patrón escondido que está impidiendo que te conectes aún más con la abundancia.

Debes saber que los ejercicios que estarás realizando quizá no tengan un orden lógico o puede que no se apliquen a tu caso en particular. Si bien todas las personas tienen una relación distinta con la abundancia, todos los seres humanos están sumergidos en una matriz colectiva que cuenta con acuerdos y sistemas de creencias que rigen de manera consciente o inconsciente su forma de actuar. A veces estos sistemas de creencias pueden ser fáciles de ver y otras están muy escondidos. El trabajo que realizarás estos 40 días te ayudará a limpiar y desconectar tu campo energético de estos patrones. Es importante que trabajes todos los ejercicios aunque no se apliquen a tu caso en particular.

ALGUNOS CONSEJOS ADICIONALES:

- El programa está diseñado para realizarse sin interrupciones durante 40 días. Si te saltas un día, continúa con el siguiente sin más, no es necesario que regreses al principio.

- Es importante que tomes mucha agua durante este proceso. El agua ayuda a purificar el cuerpo y mueve la energía para que puedan introducirse los patrones nuevos.

- Aunque este trabajo parezca liviano, en realidad está moviendo muchos patrones y sistemas de creencias antiguos en tu campo. Puede que notes que estás más cansada de lo habitual o que tienes más sueño. Esto es normal y es importante honrar el proceso y, en lo posible, descansar lo suficiente.

- Aprovecha los espacios que encontrarás en este libro para escribir tus reflexiones, comentarios y conclusiones. La escritura es un proceso sanador y te ayudará mucho a lo largo del programa.

- Disfruta de la experiencia. Viniste a este mundo a conocerte mejor a ti misma y a explorar niveles más profundos de conexión con tu propósito de vida. La energía de la abundancia está aquí para acompañarte en esta exploración de quién eres y todos los regalos que tienes para compartir con el mundo. Disfruta del proceso, comprobarás que ha valido la pena cuando llegues al final y veas el resultado.

EL
PROGRAMA

BIENVENIDA,
ABUNDANCIA

PARTE
UNO

AL RECONOCER
A LA MADRE
NATURALEZA
TE RECONOCES
A TI MISMA.

DÍA 1

SOY UN CANAL
PARA LA ENERGÍA
DE LA ABUNDANCIA

Bienvenida al primer día de este programa que te conectará con la energía de la abundancia infinita. Como has leído hasta ahora, esta energía siempre está contigo. La abundancia es tu estado natural y naciste con esta conexión. Para poder sentirla de forma más profunda y canalizarla hacia el mundo en tu día a día, tienes que reconocer qué sensaciones produce en tu cuerpo físico y cómo se ve reflejada en tu realidad.

Resulta muy fácil de reconocer la frecuencia de la abundancia en tu campo energético. Primero, es una frecuencia sumamente alta que te hace sentir seguridad y expansión en el cuerpo físico. La puedes visualizar como chispas de color blanco cristalino y verla a tu alrededor en la manifestación de la Madre Naturaleza. Si prestas atención a los detalles en la naturaleza, advertirás que hay chispas de color blanco en las hojas, en los pétalos de las flores y en la superficie del mar. Estas chispas son un reflejo de la luz del sol en la superficie, pero también son una representación de la energía de la abundancia. La luz del sol entrega sin límites lo que los elementos necesitan para cumplir su propósito en la Tierra, esta es la definición pura de la abundancia con la que tú también estás conectada.

Lo segundo que sentirás es una confianza plena en la vida. El propósito de la energía de la abundancia es ayudarte a regresar a tu corazón y vivir alineada con él, vivir el propósito de tu vida. La abundancia te enseña que, independientemente de lo que esté ocurriendo en tu mundo externo y lo difícil que sea tu situación actual, eres profundamente bendecida y tienes todo lo que necesitas en este momento. Confía en que todo lo que estás viviendo te está ayudando a vivir una vida más expansiva y te lleva a experimentar estados de conexión divina más profundos.

La energía de la abundancia también nos recuerda que la consciencia es indivisible y el amor lo permea todo. Vivimos en un universo en el que la creación entera está presente en el todo, incluso en la partícula más pequeña. La consciencia que lo forma todo es indivisible, no puedes dividir la energía de la creación. Aunque tu cuerpo físico y los cinco sentidos te hacen creer que estás separada del mundo a tu alrededor, en realidad está todo conectado. La realidad material se crea a partir de las distintas frecuencias y patrones a tu alrededor que tu cuerpo físico percibe como elementos separados. Cuando reconoces que todo está conectado y que no estás sujeta al tiempo y al espacio, te das cuenta de que albergas todas las posibilidades de creación en tu interior y de que ya tienes todos los potenciales de manera ilimitada disponibles para ti. Desde que naciste contienes todas las posibilidades del universo en tu interior, así de abundante es tu ser.

VIVES EN LA FRECUENCIA
DE LA ABUNDANCIA CUANDO:

- **Te conviertes en un canal limpio de transmisión divina para su energía.** Caminas con paso firme por el mundo, alineada con tu propósito de vida y entregando tus regalos con amor.

- **Compartes tu mundo con generosidad,** entendiendo que, en la medida en que entregas, te abres a recibir más.

- **Sabes que la luz te sostiene y te protege en todo momento,** y que puedes confiar en que se te entregará absolutamente todo lo que necesitas para cumplir tu propósito de vida.

- **Reconoces la importancia de tu mundo interno y de trabajar todas las distorsiones de tu interior** para poder abrirte a niveles más profundos de conexión interna.

- **Tu mundo externo es un reflejo de tu mundo interno.** Lo que ves fuera de ti, reflejado en tu realidad, es exactamente lo mismo que ves dentro cuando cierras los ojos.

- **Reconoces que cada palabra, acto y emoción que entregas es una ofrenda al mundo.** Te das cuenta de la importancia que tiene tu canal sobre la creación de esta realidad y lo sagradas que son tus palabras.

Sintonizar con la energía de la abundancia es muy sencillo, y la mejor manera de hacerlo es recibiéndola desde un espacio de amor incondicional. La abundancia te conectará con niveles más profundos de reconocimiento de tu luz y de la Madre Naturaleza a tu alrededor. Cuando recibes sus códigos con gratitud y apertura de corazón, su energía podrá impactar positivamente en todas las áreas de tu vida. Tu conexión interna transformará naturalmente la vida de las personas a tu alrededor y la frecuencia del planeta. Finalmente, la abundancia te recuerda que estos regalos se te entregaron para que luego puedas compartirlos con el mundo.

Te invito a abrirte a estos 40 días de transformación dejando atrás los pensamientos limitantes de la mente, los deseos de controlar tu situación de vida o de manifestar dinero para tener más cosas materiales. Los patrones de envidia, control, escasez o miedo debilitan tu conexión con la abundancia. La abundancia ama la libertad, la fluidez y el placer. Le encanta poder canalizarse en el mundo a través de ti para apoyar tus creaciones. Ella ama que le permitas trabajar a través de ti para hacer del mundo un lugar mejor.

Ábrete a que tu vida puede transformarse con esta energía y a que, con el trabajo que harás, podrás llegar a niveles más profundos de tu ser.

Ancla la nueva creencia conectando con el corazón y activando lo que yo llamo la «burbuja de la abundancia». Luego repite a lo largo del día la afirmación de hoy:

SOY UN CANAL PARA
LA ENERGÍA DE LA ABUNDANCIA.

TAREAS DE HOY:

- ¿Qué creencias limitantes abrigas en torno al trabajo energético que vas a hacer en este programa? Por ejemplo, ¿crees que el trabajo energético a ti no te va a funcionar? ¿Qué dudas tienes sobre él? Escribe todo lo que te viene a la mente sobre el trabajo energético que vas a realizar estos 40 días y los bloqueos que pueden existir en este momento.
- ¿Por qué es importante para ti hacer el trabajo de conexión con la abundancia? ¿Cuál ha sido tu motivación principal para adquirir este libro?

DÍA 2

EL AMOR ES LA FRECUENCIA DEL UNIVERSO

El amor es la frecuencia del universo. Expresarlo es algo que haces a diario a través de tus palabras, tus actos, tus pensamientos y tu presencia en el mundo. Eres la expresión de la frecuencia del universo en todo momento. Siempre tienes el poder de decidir quién quieres ser en este mundo y la frecuencia que quieres compartir.

El amor hacia ti misma es un reconocimiento de la divinidad que te sostiene a diario. El mayor acto de amor hacia ti misma siempre va a ser trabajar para reconocer tu libertad, tu soberanía y descubrir el amor infinito en tu corazón. Cuando te sientas desconectada, recuerda que el miedo se puede transformar en poder y puedes pedirles ayuda a tus guías en cualquier momento para volver a sentir la presencia divina. Regresa siempre a tu corazón; la conexión con él es un portal a todas las dimensiones y te abrirá a niveles de conexión divina muy profundos.

¿CÓMO ANCLAS LA FRECUENCIA DE LA ABUNDANCIA EN TU VIDA?

Anclas la abundancia en este mundo a través de la gratitud y la presencia. Explorando y sintiendo tu humanidad en todas sus formas y reconociendo que todo es parte de la experiencia divina que estás teniendo. Conociéndote mejor y conectando con tu cuerpo físico. Activando tu campo energético y reconociendo lo que entra en él, escogiendo qué quieres canalizar sobre el mundo.

Una de las herramientas más poderosas que tenemos para lograr esto es la burbuja de la abundancia. Esta herramienta me ha apoyado durante años en Mujer Holística y ha ayudado a miles de mujeres a reconocer y activar su campo energético.

Esta burbuja te va a ayudar a mantenerte vibrando más alto y también a observar cómo los patrones, las creencias limitantes y las energías de baja vibración entran en tu campo. Esto te ayudará a tomar decisiones conscientes de qué entra en tu espacio y qué no está permitido en él. Te permite observar mejor cómo estás creando tu vida y los patrones que sostienes, que se están reflejando en la realidad.

TU BURBUJA DE LA ABUNDANCIA ES TU CAPA DE PROTECCIÓN CONTRA LA NEGATIVIDAD, LA ESCASEZ Y EL MIEDO. ES TU ESPACIO SEGURO DE AMOR INCONDICIONAL.

Tu trabajo durante este programa consiste en activarla a diario y crear una relación directa con este flujo de energía. Los primeros días quizá sientas que tu conexión es débil, pero con la práctica lograrás conectarte de forma cada vez más rápida y profunda. Confía en que, si esta práctica ha ayudado a miles de mujeres, también te puede ayudar a ti.

ACTIVA TU BURBUJA DE LA ABUNDANCIA

Siéntate cómodamente y respira hondo. Comienza a percibir cómo la respiración penetra en tu cuerpo físico y calma cualquier ansiedad, estrés o incomodidad que puedas experimentar.

Luego conecta tus pies con la Madre Tierra visualizando que tienes raíces profundas que salen de tus pies hasta el centro de la Tierra.

En el centro de la Tierra visualiza un cristal con destellos de luz dorada, blanca y magenta. Visualiza que tomas toda la información de ese cristal y que sube a través de tus piernas, conectando todo tu cuerpo físico con esta frecuencia.

Visualiza que asciende activando todo tu cuerpo físico y centros energéticos. Desde la parte baja de la columna, subiendo a través de tu abdomen, plexo solar, corazón, garganta, tercer ojo y, finalmente, la coronilla.

Una vez en tu coronilla, visualiza que la energía sigue subiendo unos centímetros más arriba y te conecta con la sabiduría de tu Ser Superior. Luego continúa subiendo y conéctate con el gran sol en el centro del universo. Ya estás conectada con el Cielo y la Tierra.

A continuación, visualiza que la energía del sol baja como un baño de luz a través de todo tu cuerpo físico, limpiando la negatividad, la resistencia, el miedo, la ansiedad, el estrés y cualquier creencia que esté impidiendo tu conexión con la abundancia.

Finalmente, activa tu burbuja de la abundancia, que se verá como un aro de color dorado que te cubre como una gran pompa de jabón, todo alrededor de tu campo. Asegúrate de que tu campo está completamente sellado y que no hay fugas energéticas.

Una vez que actives tu burbuja de la abundancia, llama a la energía de la abundancia a tu espacio y pídele que active tu burbuja. Además, llama a todos los seres de luz que te apoyan, acompañan y cuidan en esta vida. Hay una sabiduría infinita que habita en ti y que te guía y te apoya en todo momento.

Sella la activación dando las gracias a tus guías por el apoyo recibido y a la Madre Tierra por permitirte anclar esta frecuencia en el mundo.

La burbuja de la abundancia es tu espacio seguro. En ella sientes la conexión directa con tu corazón, contigo misma, con tu intuición y la sabiduría divina. Dentro de esta burbuja no hay pensamientos limitantes, solamente amor, paz y tranquilidad. Cuando estás en ella sientes paz, serenidad y placer.

Cualquier pensamiento de miedo, ansiedad, negatividad o creencia limitante sobre ti misma rebota en el borde de la burbuja y, por su frecuencia, no puede entrar. Lo que permites que entre es lo que deseas vivir y experimentar en tu realidad.

Tu trabajo es activar, cuidar y proteger tu burbuja de la abundancia asegurándote de que contenga frecuencias e información únicas para ti y que quieres canalizar sobre el mundo. Al terminar, repite en voz alta las siguientes afirmaciones:

ESTOY PROTEGIDA.

ESTOY RODEADA DE AMOR.

SOY PROFUNDAMENTE AMADA.

ME MANTENGO EN LA VIBRACIÓN

MÁS ALTA POSIBLE.

TAREAS DE HOY:

- Trae compasión y amor hacia ti misma.
- ¿Cómo responderías al mundo si supieras que todo va a estar bien, que todo es perfecto tal y como es?
- ¿Cómo vivirías si todo fuera perfecto, divino y ya estuviera aquí para ti, si entendieras la simpleza de la existencia?

REGALOS DE ABUNDANCIA

Este es el primer regalo de abundancia que quiero hacerte. A lo largo de este libro compartiré algunos regalos para que empieces a abrirte al universo y a recibir la abundancia que ya habita en ti.

AUDIO GUIADO DE
BURBUJA DE LA ABUNDANCIA:

Descarga este audio en **www.mujerholistica.com/naturaleza**

TAREA DE HOY:

- Practica la activación de la burbuja de la abundancia por lo menos dos veces al día. ¿Cómo te has sentido? ¿Has percibido algún cambio físico o emocional?

_____

_____

_____

_____

_____

_____

_____

_____

_____

_____

_____

_____

_____

_____

_____

_____

DÍA 3

SOY LA LUZ Y LA FUENTE DE ABUNDANCIA INFINITA

Hoy trabajarás la creencia colectiva distorsionada de que estás desconectada de la energía de la abundancia y de que para conectarte con ella necesitas buscar algo externo a ti. La creencia colectiva antigua es: «Estoy desconectada de la fuente infinita de abundancia».

La nueva creencia es: «Soy la luz y la fuente de abundancia infinita».

La creencia antigua viene de la desconexión con la Madre Naturaleza y la estructura colectiva actual. El creer que estás desconectada de tu entorno es algo que aprendiste a medida que ibas creciendo, no es algo que traes dentro de ti al nacer. El gobierno, el sistema de salud y las estructuras actuales son la base de la seguridad y la confianza, ellos garantizan que todo va a estar bien y que no tienes que preocuparte por tu seguridad. Cuando esto cambia o falla, nos damos cuenta de que no nos han enseñado a lidiar con la incertidumbre o a buscar la paz de manera interna. Además de esto, la colectividad está muy desconectada de los ciclos naturales de la Tierra y de la base de la creación de la realidad. Todo esto causa una desconexión de la fuente pura de abundancia y seguridad, que es tu divinidad.

La energía de la abundancia te recuerda la confianza en ti misma, en el universo y en la divinidad. Sin esta confianza, siempre te vas a sentir desconectada de tu poder de creación y de tu capacidad de atraer a la vida toda la abundancia que quieres manifestar. La abundancia te recuerda que tienes una misión importante y que se te va a entregar todo lo que necesitas para cumplir tu propósito. Ella te recuerda regresar a lo simple, a tu intuición y a tu poder personal. No olvides que ya tienes todo lo que necesitas para cumplir tu propósito de vida, que es conocerte mejor a ti misma.

El camino de conexión con la abundancia infinita es un camino de crecimiento interno y expansión. La abundancia empuja a la superficie tus creencias limitantes e inseguridades y te enseña dónde no te crees merecedora de las cosas buenas en tu vida. Ella ilumina los roles de víctima, los patrones de sufrimiento o los apegos. Ella se encarga de enseñarte dónde no estás viviendo alineada con tu propósito y tu verdad divina. El proceso de conectarte con la abundancia te ayudará a crecer y revelará tus sombras. Esta revelación puede ser incómoda; utiliza la compasión y el perdón para liberar la energía y sanar.

Recuerda: no estás desconectada de la abundancia. La conexión ya está contigo porque estás aquí en el planeta. Todas las almas tienen un propósito y están aquí para explorar su humanidad. Tú ya eres abundante, como ya eres luz, paz y amor. Se te entregó el libre albedrío para escoger tu camino, y lo único que impide tu conexión con la abundancia son las creencias que te mantienen distraída de la verdad divina.

Tu propósito de vida es ser tú misma y conocerte en el proceso. Ya tienes todos los recursos, oportunidades y lo que necesitas para crecer en este nivel. A medida que continúes expandiendo y creciendo, se te concederán más recursos para continuar cumpliendo con tu propósito de vida.

Ancla la nueva creencia conectando con el corazón y activando tu burbuja de la abundancia. Luego repite a lo largo del día la afirmación:

SOY LA LUZ Y LA FUENTE
DE ABUNDANCIA INFINITA.

TAREAS DE HOY:

- ¿En qué momento te sientes desconectada de la energía de la abundancia?
- ¿Dónde o cuándo te sientes más alineada con la confianza y la seguridad en ti misma?
- ¿Alguna vez te han faltado dinero, oportunidades o recursos para conocerte mejor a ti misma?

DÍA 4

LA ABUNDANCIA
APOYA MI CAMINO

Hoy trabajarás la falta de claridad y los bloqueos que te impiden ser consciente de tus pensamientos. Una de las frases que más escucho de las alumnas en el curso de abundancia de Mujer Holística es: «Tengo muchas opciones y no sé qué quiero manifestar, siempre estoy confundida».

Vives en un mundo con una cantidad infinita de opciones, lo cual es maravilloso, pero a veces puede causar confusión. También te puede hacer sentir que, si escoges un camino, te estás perdiendo algo que quizá era mejor (un término conocido en inglés como FOMO: *fear of missing out*).

Esta confusión mental diluye tu energía vital y bloquea la energía de acción. Te lleva a tener pensamientos excesivos y la mayoría repetitivos. Cuando no eres consciente de tus pensamientos, no estás viendo con claridad qué estás manifestando y atrayendo a tu vida. Esto hace que tu realidad se vuelva una creación inconsciente y que te desconectes de tu poder personal.

Luego es más difícil regresar a tu centro para escuchar la sabiduría de tu Ser Superior y actuar alineada. Esto provoca que la
ansiedad y la parálisis se alternen a la hora de actuar. Ninguna decisión parece la correcta y las cosas no fluyen como desearías.

Una de las fuentes de la procrastinación, de la ansiedad o del
cansancio extremo es el exceso de energía en las historias de la
mente. Es muy difícil que la energía de la abundancia pueda entrar en un espacio que está saturado de energía mental.

El ejercicio de hoy te ayudará a aportar claridad a tus deseos
y a conectar con tu intuición. Te será más fácil tomar decisiones
y saber qué quieres atraer a tu vida y cómo lo vas a lograr.

Lo primero que harás es ser consciente de los pensamientos
y las creencias que tienes en torno a lo que quieres manifestar.
Esto lo harás anotando en un cuaderno todo lo que se te cruza
por la mente. Este ejercicio puede requerir varias páginas en
blanco; por esta razón, a lo largo del libro encontrarás espacio
para escribir tus reflexiones, pensamientos o para lo que necesites expresar en ese momento. Anota las cosas que te confunden,
las creencias limitantes, lo que te causa inseguridad, lo que no
ves con claridad, lo que te hace feliz, lo que te ilusiona, lo que
quieres vivir, lo que te limita o lo que te preocupa. Estás poniendo toda la «mente» en el papel y abriendo espacio para que pueda entrar la claridad y regresar al corazón. Además, cuando arrojas luz sobre estos pensamientos, les quitas su poder y resulta
más fácil disolverlos.

Luego conecta con tu corazón, respirando hondo varias veces, e invoca a la energía de la claridad. Ella te ayudará a ver qué
información, emoción y frecuencia estás emitiendo al campo y

la realidad que estás creando sobre esa base. La claridad te ayudará a ver qué decisiones tomar y a mantenerte anclada en tu propósito.

Ancla la nueva creencia conectando con el corazón y activando tu burbuja de la abundancia. Luego repite a lo largo del día la afirmación de hoy:

LA ABUNDANCIA APOYA MI CAMINO.

TAREAS DE HOY:

- Coge una hoja de papel en blanco y escribe todo lo que se te pasa por la mente en este momento sobre tu vida y lo que deseas manifestar.
- ¿Qué información has recibido después de conectar con tu corazón y la energía de la claridad? ¿Qué decisiones apoyan tu propósito de vida y cuáles no?

DÍA 5

SOY MERECEDORA DE TODO LO QUE DESEO

¿Alguna vez te has sentido juzgada por desear más abundancia en tu vida? ¿O quizá has juzgado a otros por sus deseos? Tal vez hayas oído alguna de estas frases: «A ti solo te importa el dinero» o «Últimamente estás muy ambiciosa». Estos son dos ejemplos de muchos juicios que otras personas emiten sobre los deseos que puedas abrigar, especialmente si estás en este camino de conexión con la abundancia.

Hoy trabajaremos las opiniones, juicios o creencias de otros hacia nosotras mismas por desear más abundancia y también lo que nosotras creemos sobre nuestros deseos.

Tus deseos son anhelos del corazón. Son válidos y tienes derecho a pedirle al universo lo que deseas sin dar explicaciones a otros. Si tienes más abundancia, naturalmente tu propósito de vida también se expandirá más. Podrás compartir más abundancia con el mundo e influir positivamente en el planeta. Además, si tus deseos parten de una energía generosa, compasiva y limpia, las manifestaciones en el mundo reflejarán esas intenciones y se expandirán de manera natural. Los juicios u opiniones de otros no tienen esa misma raíz y tampoco la misma frecuencia de tus sueños, por lo que naturalmente distorsionarán tu campo si lo permites.

La clave para disolver esta distorsión está en ti. Cuando una persona emite una opinión o un juicio sobre tus deseos, eso solamente resuena en ti si la creencia está viva en tu sistema de creencias o si te sientes insegura respecto a eso; de lo contrario, no resuena. Esta resonancia puede ser consciente o inconsciente, pero está ahí; de lo contrario, no causaría una reacción en ti. Cuando estás segura de tu naturaleza y de la fuente de abundancia infinita que eres, ningún juicio u opinión te afectará energéticamente. Puede que te duela el acto de la persona o sus intenciones, pero las palabras en sí no resonarán. Dejarás pasar lo ocurrido sabiendo que tu conexión con la abundancia no ha cambiado.

ALGUNAS PREGUNTAS QUE TE PUEDES HACER PARA FORTALECER TU CONEXIÓN CON LA ABUNDANCIA:

¿Te permites recibir abundancia de manera ilimitada? ¿Te sientes culpable o insegura por tus deseos? ¿Te crees suficiente o merecedora de la abundancia infinita?

Cuando cuestionas tus creencias, les restas poder y las debilitas. Cualquier creencia de que estás separada de la verdadera abundancia es una creencia falsa sobre ti misma y el mundo. Es una creencia basada en la separación y el miedo. El trabajo que estarás haciendo estos 40 días te ayudará a fortalecer tu campo energético y la confianza en ti misma para que no albergues dudas sobre tu verdad.

Ancla la nueva creencia conectando con el corazón y activando tu burbuja de la abundancia. Luego activa la nueva creencia de hoy repitiéndola varias veces al día:

SOY MERECEDORA
DE TODO LO QUE DESEO.

Recuerda: tus sueños están aquí para que no olvides que eres la divinidad sobre la Tierra. Son un reflejo de tu verdad y no le debes a nadie explicaciones sobre ellos.

TAREAS DE HOY:

- ¿Has oído comentarios, juicios u opiniones de personas cercanas a ti sobre tu deseo de abundancia? ¿Cómo te han hecho sentir?
- ¿Hay alguna creencia en ti que sostiene las opiniones de otros? ¿Estás lista para dejarla ir?

REGALOS DE ABUNDANCIA

Te he preparado una *playlist* diseñada para ayudarte a mover la energía en el cuerpo físico y a soltar los bloqueos energéticos presentes a tu alrededor. Puedes acceder a ella a través de este código QR:

Descarga este audio en **www.mujerholistica.com/naturaleza**

DÍA 6

ME ENTREGO AMOR
SIN LÍMITES

Hoy trabajaremos el patrón de la energía del egoísmo. El egoísmo tiene su raíz en la creencia de que estás separada de otros y no mereces experimentar la abundancia infinita disponible para ti.

La realidad en la que vivimos te hace creer que estamos limitadas al tiempo y al espacio. Esto se traduce en la creencia de que los recursos son limitados y que hay un principio y un fin lineal para todo lo que vivimos. Tu sistema de creencias sostiene esta verdad y el mundo lo refleja. Esto activa tu sentido de supervivencia y separación, naturalmente buscas protegerte y cubrir tus necesidades básicas porque todo se acabará en algún momento. Esto elimina la colaboración y crea un sentido de urgencia, de ir en contra del tiempo.

La energía de la abundancia está en constante movimiento y siempre tiene que fluir. Ella te enseña que, cuando entregas, recibes lo mismo o más de vuelta. La Madre Naturaleza es generosa en todo, no se compara o limita por otros. Trabaja entregando sin límites para sostener la vida y continuar con la expansión natural del universo. Incluso en medio de la dificultad, el abuso hacia ella y la destrucción, continúa sosteniendo la luz en el planeta y siempre buscará el equilibrio. El mundo externo abundante es un reflejo de su generosidad natural.

El egoísmo bloquea este flujo porque le pone un límite en tu campo energético a la energía de la abundancia. Imagina que tu campo energético es una bola grande de luz que está expandiéndose y en movimiento constante. El egoísmo bloquea una parte de esta expansión y limita la energía en ese punto donde escoges que la energía tiene que quedarse contigo. El problema es que la energía de la abundancia siempre va a buscar el movimiento y la fluidez. Cuando la limitas, se estanca y deja de fluir en tu propio campo también. Estás poniendo un límite a la cantidad de energía de abundancia que fluye en tu interior.

El egoísmo termina siendo un bloqueo en tu campo energético que también bloquea la generosidad hacia ti misma. Así, se convierte en un reflejo de la creencia más importante que hemos trabajado hasta ahora: no te crees merecedora de la abundancia infinita. Cuando asumes un sistema de creencias falso sobre ti misma como ese, te estás traicionando y disminuyes tu luz. Estás bloqueando tu potencial y tu crecimiento. Además, debilitas tu conexión con la abundancia infinita en ti. La abundancia te enseña que eres merecedora de su energía de manera ilimitada.

El principio de todo el trabajo que estás haciendo aquí parte de tu relación contigo misma y el reconocimiento de tu luz. Generalmente conocemos a una persona egoísta como alguien que no comparte con los demás, pero, antes que todo eso, una persona egoísta es una persona que no se entrega generosamente abundancia a sí misma. Si esta creencia resuena en tu campo, trabaja con la energía del perdón y la compasión para sanar cualquier recuerdo de momentos en los que no has sido generosa contigo misma y escoge la abundancia para ti también.

Ancla la nueva creencia conectando con el corazón y activando tu burbuja de la abundancia. Luego elige una de estas tres afirmaciones y repítela en voz alta a lo largo del día:

SOY GENEROSA CONMIGO MISMA.

ENTREGO Y ME CUIDO A MÍ MISMA.

ME ENTREGO AMOR SIN LÍMITES.

TAREAS DE HOY:

- ¿En qué momentos no has sido generosa contigo misma? Trabaja con la energía de la compasión sanando esos recuerdos y pide a la energía de la abundancia que te ayude a abrir espacio para que ella pueda entrar en tu campo libremente.
- ¿Cómo puedes cuidar más de ti misma? Por ejemplo, ¿qué actividades puedes incluir en tu día que te hacen sentir bien? ¿Qué límites puedes establecer en tu tiempo o tu energía para cuidar de ti misma?

DÍA 7

SOY MERECEDORA DEL AMOR INCONDICIONAL

Tú eres una creación perfecta de la divinidad. Eres igual de maravillosa que una montaña o un atardecer. Mereces ser, vivir y experimentar toda la luz en esta dimensión, y es tu derecho natural disfrutar de ella. Tu experiencia humana te hace creer que estás separada de la Madre, pero en realidad todo viene de la misma fuente de creación divina y de la consciencia, que es indivisible. Incluso lo que ves a tu alrededor, como un mueble o un ordenador, está hecho de materiales que vinieron de la misma Tierra. Absolutamente todo parte de la energía de creación y está conectado.

Hoy vamos a explorar el código de creencias que te ha hecho creer que estás separada de la Madre Naturaleza. Este código es uno de los más fuertes presentes en la consciencia colectiva y se sostiene muchas veces de manera inconsciente.

ALGUNAS DE LAS CREENCIAS QUE MANTIENEN VIVO ESTE PATRÓN DE SEPARACIÓN SON:

- Los humanos están siendo castigados por la Madre Tierra a través de los desastres naturales.
- La naturaleza es más poderosa que los humanos y, por lo tanto, debemos temerla.
- La naturaleza está aquí para ser utilizada o explotada, es de uso humano.
- Existe jerarquía entre los seres humanos y la Madre, uno siempre tiene más poder que el otro.
- La naturaleza se regenera sola, no nos necesita y está bien sin nosotros, los seres humanos.
- No hay suficientes recursos naturales para todos los seres humanos del planeta.
- Hay que temer a la vejez, a la muerte física o a los ciclos naturales de vida y muerte.

Todas estas creencias tienen su raíz en la creencia de una Madre separada de ti. Esto va en contra del principio básico de que toda la energía está conectada. Nuevamente, la creación y la consciencia divina son indivisibles. Por lo tanto, la naturaleza te necesita igual que tú la necesitas a ella. Hay un orden divino y un equilibrio natural en el universo, donde todo tiene su lugar. La creación no se equivoca en su manifestación.

La Madre Naturaleza está aquí, igual de viva que tú. Ella siente, absorbe y transmuta todas las emociones del planeta. Tus lágrimas, tu alegría, tus miedos y tu dolor son transformados constantemente por ella. En el proceso de transformación, ella revela de vuelta al mundo lo que cada alma está entregando individualmente. Así, el mundo externo se convierte en un reflejo de la consciencia colectiva y, en el proceso, tú te conviertes en ella también.

La Madre Naturaleza te recuerda que tu frecuencia, tus pensamientos y tu vida son importantes para ella. Eres suficiente y merecedora de su amor incondicional. Está permitido dejar ir la culpa o el dolor que puedes sentir por la situación actual del mundo o por su dolor. Ella te recuerda que su frecuencia es el amor incondicional y que su deseo es que todas las almas del planeta vivan en goce y abundancia. Te pide que busques tu felicidad y que dejes ir la creencia de que no mereces todo lo bueno que está disponible para ti. Cuando buscas tu felicidad y expansión, estás permitiendo que toda la creación pueda florecer también y que ella brille naturalmente.

La Madre Naturaleza te pide que te reconozcas como la divinidad en forma. Tu felicidad y tu conexión con ella son lo que va a crear el nuevo mundo abundante que quieres experimentar. La Madre está aquí para apoyarte, protegerte y acompañarte en este camino. Dedica cada día un tiempo a visualizar a la Madre saludable y libre, envíale amor y buenos deseos. Ella sentirá los deseos de tu corazón y esto la ayudará a fortalecer su campo energético para seguir expandiéndose.

Algunas preguntas que puedes hacerte para profundizar en tu conexión son:

- ¿Cuál es mi compromiso con los árboles, con los animales, con las montañas y con el mundo externo?

- ¿Qué he venido a aprender de esta experiencia humana y de mi relación con ellos?
- ¿Por qué escogí venir a este mundo en este momento tan importante?
- ¿Qué debo reconocer en mí ante el dolor de la Madre Tierra?
- ¿Cómo puedo sentir más confianza en mi conexión con la Madre Tierra?
- ¿Qué emociones de miedo o separación de la Madre quiero entregar hoy para que sean transformadas en amor?

El acto más grande que puedes hacer para apoyar al planeta Tierra es visualizarlo abundante, feliz y en libertad. Dedica cada día unos minutos a enviarle tu amor. Abraza un árbol, camina descalza por la tierra, absorbe los rayos del sol y disfruta de un atardecer. Reconócela en todo. Es la fuente más pura de belleza, amor y armonía. Además, ella sostiene los códigos de la abundancia infinita. Si quieres experimentar más abundancia económica, en tus relaciones o en las cosas materiales, conecta con la Madre Naturaleza. Su energía elevará tu frecuencia a un nivel de manifestación más alto y expansivo.

Ancla la nueva creencia conectando con el corazón y activando tu burbuja de la abundancia. Luego repite la afirmación del día:

SOY MERECEDORA DEL AMOR INCONDICIONAL.

Repite esta afirmación varias veces mientras visualizas en tu corazón los árboles, los animales, las montañas y el mar.

TAREA DE HOY:

- Dedica un tiempo a conectar con la naturaleza en tu corazón y sentir la unión divina entre las dos. Visualiza a la Madre feliz, en paz y abundante. Imagina que los animales son libres y que todas las almas del planeta están en paz. Visualiza un aro de luz y protección alrededor del planeta Tierra y envía unas palabras de amor a todas las almas que la habitan.

DÍA 8

BENDIGO MIS DESEOS

Hoy trabajaremos la energía de la envidia. Este patrón energético viene de la creencia de que no eres merecedora de eso que ves en tu realidad o no te permites a ti misma experimentarlo en tu vida. La envidia es una mezcla de frecuencias como el miedo, la falta de amor propio, la creencia de que no eres suficiente y la falta de conexión con la abundancia.

LA ENVIDIA TE ESTÁ ENSEÑANDO UN ÁREA EN LA QUE NO TE CREES MERECEDORA DE LO QUE DESEAS EXPERIMENTAR.

La vida siempre se encargará de ponerte delante situaciones, personas o cosas materiales que reflejan tu sistema de creencias para que puedas corregirlo. Cuando se presenta la envidia, te está enseñando lo que es posible que vivas y supone también una gran oportunidad de crecimiento y expansión.

LA ENVIDIA TE ENSEÑA POSIBILIDADES.

Para trabajar la envidia puedes visualizar su patrón como un velo gris entre tú y aquello que deseas. Luego reconoce que se te está enseñando algo que es una posibilidad que tú también puedes vivir. Ábrete a ello y dale las gracias a la envidia por la señal clara que te está ofreciendo. Luego pide que se disuelva el velo entre tú y lo que deseas.

Ábrete a la posibilidad de que puedes recibir eso que otros tienen con amor y gratitud. Agradece a la envidia la lección de abundancia que te está dando. Todo lo que ocurre es un regalo porque te está ayudando a caminar más liviana en este mundo y a conocerte mejor. Recuerda: eres abundante y eres merecedora de tus deseos. Bendice tus deseos.

Ancla la nueva creencia conectando con el corazón y activando tu burbuja de la abundancia. Luego repite la afirmación del día de hoy:

BENDIGO MIS DESEOS.

TAREAS DE HOY:

- Describe un momento en el que sentiste envidia por algo que alguien tenía. ¿Poseías creencias de que tú no podías tenerlo, que no eras merecedora o que era inalcanzable para ti?
- ¿Cómo cambió tu relación con la envidia después de verla como un reflejo de tus posibilidades?

....

....

....

....

....

....

....

....

....

....

....

....

....

....

....

....

DÍA 9

SOY LA CREADORA
DE MI REALIDAD

Hoy trabajarás la energía del rol de víctima. El rol de víctima es un patrón energético que tiene su raíz en la desconexión de tu poder personal y la energía de creación divina.

Si crees que no fluye más abundancia en tu vida por factores externos, estás en el rol de víctima. Algunos de estos factores externos más comunes son la situación económica del país en el que vives, tu historia personal con el dinero, la situación económica familiar o tu trabajo.

LOS FACTORES EXTERNOS NO SON
RESPONSABLES DE LO POSITIVO O NEGATIVO
EN TU VIDA.

Tu entorno y lo que estás viviendo son neutrales, tú les asignas el significado para tu realidad. Cada persona escoge cómo quiere percibir las situaciones que está viviendo, igual que cada persona escoge su relación con la abundancia.

Asumes el rol de víctima cuando no crees que eres capaz, suficiente o merecedora de la abundancia infinita. Esta creencia forma patrones de autosabotaje, desconexión de tu poder personal y distorsiones energéticas que luego se ven reflejados en tu realidad. Recuerda: la realidad siempre es un reflejo de tu sistema de creencias.

Esta situación se convierte en una cadena en la que luego comienzas a vivir y a tener experiencias que alimentan y sostienen las mismas creencias de no merecimiento. Tu mente ve que lo externo confirma esas creencias y las valida, haciéndolas más fuertes. Cada vez se vuelve más difícil romper estos patrones y corregir estas distorsiones.

Al final, estos patrones crean una desconexión cada vez más profunda contigo misma y un patrón de autosabotaje de las oportunidades disponibles para ti. Todo esto continuará vivo mientras sigas desconectada de tu corazón y de la verdad de quién eres.

Para romper el rol de víctima tienes que regresar a tu centro y conectarte con tu poder personal. Tu poder personal te recuerda que eres la creadora de esta experiencia y que todo está sucediendo para ti. Lo que estás viviendo es perfecto tal cual está ocurriendo para tu propio crecimiento y este proceso te está llevando a niveles más profundos de conexión con la divinidad.

Recuerda que todo está ocurriendo por ti, para ti y a través de ti. Eres la creadora de tu propia realidad y tu frecuencia siempre está creando tu entorno. La clave de tu realidad está en la manera en que estás filtrando y observando tu mundo. Tu sistema de creencias, tus decisiones, tus actos y tus emociones están creando las situaciones que estás experimentando.

LA REALIDAD ESTÁ PERFECTAMENTE DISEÑADA PARA ENSEÑARTE LO QUE TU ALMA TIENE QUE APRENDER.

REGALOS DE ABUNDANCIA

Recibe esta activación que comparto contigo con todo el amor para disolver el patrón de víctima.

Esta activación te ayudará a disolver patrones de víctima en tu campo y a fortalecer la conexión con tu poder personal. Repite las frases en voz alta y siente su resonancia en tu cuerpo físico.

ME PERDONO POR CUALQUIER ACTO,
PENSAMIENTO, EMOCIÓN O CREENCIA QUE
ME DESCONECTÓ DE LA ABUNDANCIA.

ME PERDONO POR HABER ESCOGIDO
EL MIEDO, LA DIFICULTAD O LA ESCASEZ.

HE CREADO ESTA SITUACIÓN PARA
APRENDER A HONRARME A MÍ MISMA Y COMO
UN RECORDATORIO DE LA FUENTE DE
ABUNDANCIA QUE SOY.

ELIJO PENSAMIENTOS LIMPIOS,
PALABRAS LIMPIAS, ACTOS LIMPIOS.

SOLICITO QUE LA ENERGÍA DE LA
ABUNDANCIA LLEGUE A AQUELLOS ESPACIOS
DE MI CAMPO ENERGÉTICO DONDE HAY
INFORMACIÓN QUE NO ESTÁ ALINEADA CON
LA VERDAD DIVINA Y LA FUENTE INFINITA DE
LA ABUNDANCIA.

CORRIJO LOS PATRONES, LIMPIO MI CAMPO,
LO PURIFICO Y LO ALINEO CON
LA VERDAD DE QUIEN SOY.

AGRADEZCO LA PROTECCIÓN
Y EL APOYO DIVINO.

ME CONECTO CON MI PODER PERSONAL
Y MI CAPACIDAD DE CREAR
MI PROPIA REALIDAD.

TAREA DE HOY:

- Haz una lista de factores externos que crees que te mantienen desconectada de la abundancia. Pueden ser, por ejemplo, el tiempo, tu pareja, tu trabajo actual, deudas que sostienes o tu situación familiar. Trabaja cada uno individualmente enviándole amor a ese patrón y solicitando ayuda a la energía de la abundancia para que se disuelva. Perdónate por esas creencias que han limitado tu expansión y libéralas.

DÍA 10

ESTOY ORGULLOSA DE MÍ MISMA

Hemos llegado al día diez. Siéntete orgullosa por haber sido constante y por llegar a este punto del camino que estamos transitando juntas. Hoy integrarás toda la información y los códigos que has recibido en tu campo en los últimos diez días.

¿POR QUÉ ES IMPORTANTE INTEGRAR LO TRABAJADO?

Hay muchas razones por las cuales es importante integrar el trabajo que haces en este programa. Una de ellas es que la información que has recibido tiene que pasar del plano energético al plano físico para que puedas ver los cambios en tu realidad.

El cuerpo físico y tu mundo externo son más densos que tus pensamientos, emociones o campo energético. Por lo tanto, son los últimos en alcanzar el trabajo que realizas. Además, están directamente sujetos a las leyes del tiempo y al espacio de esta realidad, por lo que tienes que ser paciente y dar tiempo a tu cuerpo físico y a tu realidad externa para que se adapten a los cambios energéticos que estás haciendo.

Recuerda también que el tiempo está diseñado para ayudarte a aprender las lecciones que tu alma necesita aprender. El trabajo que estás haciendo te está ayudando a limpiar energéticamente muchas creencias limitantes, memorias y energía densa de tu campo que están abriendo espacio para que la energía pueda fluir mejor en tu campo energético. Eso te está ayudando a «acelerar» el tiempo como lo conoces, porque significa que tu alma puede expandirse más en menos tiempo cronológico. Así es como colapsas el tiempo y lo manipulas para tu expansión y beneficio.

Otra de las razones por las que resulta importante integrar es que fácilmente puedes quedarte en la teoría de toda esta información y no absorberla en tu campo. Si tu campo energético no cambia de frecuencia, puedes pasar horas leyendo y haciendo las tareas, y no ver cambios en tu realidad física. Es necesario descansar, reflexionar y aplicar lo aprendido a tu vida diaria. Cambiar tu forma de percibir y responder al mundo es importante. Si continúas haciendo lo mismo que siempre haces y no aplicas la autoobservación durante el día y el cuestionamiento de tus creencias, es muy difícil que este trabajo cambie de manera radical tu realidad.

Finalmente, el proceso de integrar te permite mirar atrás y ver todo lo que has cambiado y crecido en este tiempo. Puedes estar muy orgullosa de ti misma, el trabajo de cambio que estás haciendo no es fácil y requiere de mucha fuerza y valentía. Permite que tu afirmación de hoy sea:

ESTOY ORGULLOSA DE MÍ MISMA.

Utiliza el día de hoy para descansar y cuidar de ti. Dedica tiempo a dormir, reflexionar, escuchar música, caminar por un parque, tomarte una taza de té en silencio y hacer cosas pequeñas y valiosas que te ayuden a entrar en el silencio interno. Es importante desconectar para poder volver a conectar.

TAREAS DE HOY:

- Practica activar la burbuja de la abundancia durante el día.
- Hoy pon la intención en descansar y en reflexionar sobre las cosas que te hacen sentir orgullosa de ti misma. Reconoce tus logros y todo lo que has crecido en este recorrido.

DÍA 11

SELLO MI CAMPO ENERGÉTICO CON LUZ DIVINA

Hoy trabajarás en limpiar las distracciones que diluyen tu energía y crean fugas energéticas de la abundancia.

En la activación de la burbuja de la abundancia que haces en este libro, te pido que visualices que tu campo energético es como una burbuja dorada que cubre todo a tu alrededor. Esta burbuja está completamente sellada y solo entra en ella lo que está alineado con tu frecuencia y lo que deseas atraer o canalizar hasta este plano de la realidad.

Las creencias limitantes, las frecuencias del miedo y las energías de otras personas son algunos de los factores que disminuyen tu vitalidad y la transmisión de la energía de la abundancia en el mundo.

Pero también existen fugas energéticas que diluyen tu energía y permiten que se escape la frecuencia de la abundancia de tu campo. Algunas de estas fugas energéticas son distracciones pequeñas del día a día y otras pueden ser más grandes y estar afectando a tu conexión directa.

Si estás trabajando la conexión con la abundancia, pero aun así te cuesta sentirla en tu campo energético, observa si tienes alguna de estas fugas energéticas:

- Distracciones de tu tiempo y de tu energía física: esto puede ocurrir, por ejemplo, por pasar mucho tiempo en las redes sociales, tener exceso de estimulación del móvil, cansancio crónico o mala calidad del sueño.

- Exceso de opiniones y distracciones de otros a tu alrededor: aquí entran, por ejemplo, las opiniones de otras personas sobre las decisiones en tu vida, el exceso de noticias de miedo o de alerta, la queja constante y la negatividad.

- Los pensamientos repetitivos y el estrés mental: esta es una de las fugas energéticas más poderosas y viene de la desconexión de ti misma. Cuando no observas tus pensamientos con atención y permites que haya exceso de energía mental, estás dificultando que entre la abundancia en tu vida. Los pensamientos desatendidos son una de las fugas energéticas más grandes que puedes tener. Observa todo lo que piensas y escoge sabiamente lo que apoya tu camino a la abundancia y lo que no.

¿CÓMO REDUCIR LAS FUGAS ENERGÉTICAS?

Para reducir una fuga energética primero tienes que ver dónde está. Igual que si una casa tiene una fuga de agua: si no sabes dónde está, es difícil arreglarla.

El primer paso es traer observación sobre tu vida, pensamientos y sistemas de creencias, algo que ya vienes haciendo desde que iniciaste este programa. Observa todo con interés, sin juzgar ni analizar, observándote sin más.

Luego conecta con tu cuerpo físico. Cuando estás confundida, agotada o tienes una fuga energética específica, vas a experimentar síntomas físicos como: cansancio, dolor de cabeza, estrés, resistencia o ansiedad. Sentirás una contracción en tu campo energético y en tu cuerpo físico que claramente te indicará que hay algo que no fluye.

Finalmente, establece límites claros. Cuando descubras dónde está tu fuga energética, no permitas que continúe. A veces este proceso puede ser difícil, especialmente si significa establecer límites con otras personas a las que estimas, pero es necesario para tu expansión.

Una de las grandes lecciones en el camino espiritual es el reconocimiento de nuestra soberanía. Tu cuerpo físico, tu campo energético y tu vida te pertenecen a ti. Si estás débil energéticamente, esto afecta de forma directa a tu calidad de vida, tu propósito de vida y la frecuencia del planeta. Si quieres influir de un modo positivo en la vida de las personas a las que quieres, el primer paso es cuidar de tu energía. Deja ir la culpa que puedas sentir de no entregarle tu energía a otro o el deseo de rescatar a otros energéticamente. Si quieres hacer la transición a una nueva realidad más expansiva y abundante, debes dejar ir la culpa y los «deberías». El propósito de tu vida es ser la mejor versión de ti misma. Si sostienes las fugas energéticas de manera consciente y entregas tu energía a otros, no estás siendo tu mejor versión en el mundo. Tu alma está aquí para buscar la expansión, no la contracción.

Trabaja con la energía de la claridad y la compasión para integrar la lección de hoy y conecta con tu corazón para que este te ayude a ver las fugas energéticas que puedas tener. Luego activa tu burbuja de la abundancia y di para ti misma en voz alta la frase de hoy:

MI ENERGÍA ME PERTENECE Y YO ESCOJO CON QUIÉN COMPARTIRLA. SELLO MI CAMPO ENERGÉTICO CON LUZ DIVINA.

REGALOS DE ABUNDANCIA

Para apoyar tu camino y recordarte que siempre estás rodeada de abundancia, te he preparado una visualización guiada para reducir fugas energéticas.

Descárgala en **www.mujerholistica.com/naturaleza**

TAREAS DE HOY:

- ¿Cuáles son tus fugas energéticas? Presta atención a esos momentos en los que pareces desconectarte de ti misma o a las cosas que te hacen sentir cansada o agotada.
- ¿Cómo puedes establecer un límite claro alrededor de una fuga de abundancia? Por ejemplo, si tu fuga son las redes sociales, ¿cómo puedes limitar el tiempo en ellas?

....

....

....

....

....

....

....

....

....

....

....

....

....

....

....

DÍA 12

EL UNIVERSO NO SE EQUIVOCA

La energía del control limita de manera automática la energía de la abundancia. Por su naturaleza, la energía de la abundancia tiene que mantenerse en constante movimiento. El control limita este movimiento y obliga a la energía a acomodarse a los patrones que tú estableces para ella. Pero estos patrones no siempre están alineados con el plan divino o están basados en un sistema de creencias limitante. Recuerda que el universo siempre busca la expansión, y la energía de la abundancia siempre buscará el mejor resultado para ti, independientemente de lo que desees. El universo te da lo que necesitas, no lo que deseas.

Tu mente tiene una visión limitada de la realidad. Esta visión está basada en lo conocido, aprendido y vivido. La visión más expansiva que tienes de tu realidad es una pequeña fracción de lo que podría llegar a ser tu vida. Cuando permites que la vida te enseñe el camino de tu Ser Superior y te rindes a ella, automáticamente te abres a niveles más profundos de crecimiento y abundancia.

ESTÁS EN LA ENERGÍA DEL CONTROL CUANDO:

- Deseas que las cosas sucedan según tus tiempos y te cuesta aceptar los ciclos naturales.
- No permites que otros te ayuden y buscas hacerlo todo tú misma.
- Deseas que las cosas resulten como tú las visualizas e intentas forzar los resultados.
- Tratas de cambiar a otros o las situaciones que vives sin aceptar el libre albedrío de los demás o el flujo natural de las cosas.
- Manipulas las situaciones o a las personas de tu vida para conseguir el resultado deseado.
- Te cuesta dejar ir el pasado y deseas que regrese o recreas lo mismo que viviste con el deseo de que las cosas no cambien.

EL CONTROL SE DISUELVE CON LA ENERGÍA DE LA RENDICIÓN

El control es una ilusión y los humanos creen que sin él las cosas no suceden. La clave para acceder a la energía sexual de creación y abrirte a más abundancia en tu vida es a través de la rendición y la fluidez. Cuanto más te rindas y te abras a que la vida suceda a través de ti, más activarás el canal de la abundancia en tu vida.

Rendirte es entregar tus palabras, actos y emociones a algo más grande que tú misma en un entendimiento de que hay una fuerza mayor y una sabiduría que te están guiando en todo momento.

La rendición también requiere de una confianza profunda en la divinidad y en tu corazón. Sabes que se te va a entregar todo lo que necesitas para cumplir con tu propósito divino y que todo es perfecto tal y como está ocurriendo. El universo no se equivoca y tú estás exactamente donde tienes que estar en este momento. Hay un orden divino y una energía de creación que se encargan de que la vida siempre busque la expansión y que todo cumpla su propósito. La naturaleza no controla el resultado final y por eso el resultado siempre es perfecto. Igual que una flor es perfecta en la manera en que floreció, así la naturaleza siempre se encarga de que todo fluya de manera perfecta.

La energía sexual de creación es la que le da vida a todo a tu alrededor. Es la energía que hace que las estaciones se sucedan, que las olas sigan en movimiento y que la luna cambie de posición. Es la energía que mueve el universo entero y tú no la puedes controlar. El sol va a salir a diario sin tu intervención. Esta energía también actúa en tu vida. No olvides que tú también eres la Madre Naturaleza. Sentirás su fuerza en los ciclos de la vida y la muerte, y en cada cambio que vives. Si te resistes o controlas, el cambio será más doloroso. Si te rindes a su flujo, disfrutarás más del proceso y el cambio será menos doloroso.

Tú no tienes que forzar, controlar o manipular las situaciones de tu vida para que estas se produzcan de la manera perfecta para la expansión de tu alma. Recuerda que todo está ocurriendo por ti, para ti y a través de ti. Esto significa que tu alma está escogiendo en todo momento a las personas, situaciones y circunstancias que te llevarán a una mayor expansión de tu ser. Todas las energías están apoyándote para que tu canalización en el mundo sea lo más limpia y alineada con tu alma posible.

Cada vez que sientas la necesidad de controlar, repítete a ti misma la afirmación de hoy:

EL UNIVERSO NO SE EQUIVOCA.
LA CREACIÓN SIEMPRE ES PERFECTA.

TAREAS DE HOY:

- ¿A qué me estoy resistiendo o qué estoy controlando en mi vida en este momento? ¿Dónde no estoy fluyendo?

- A veces las cosas no suceden como deseas o no logras manifestar lo que querías. Piensa en una situación en la que te ha ocurrido y pregúntate: ¿qué no estoy aceptando aún de esa situación? ¿Dónde estoy aferrándome a lo que yo deseaba que ocurriera?

- ¿Cómo puedes confiar aún más en la divinidad?

DÍA 13

ENSÉÑAME MI
SISTEMA DE
CREENCIAS

Aceptas en tu vida lo que crees que te resulta posible vivir. La visión de lo que crees que es posible para ti está determinada por lo que has vivido, lo que conoces y lo que ves en tu mundo externo. Está basada en tus creencias conscientes e inconscientes. Lo que llega a tu realidad se ajusta a la verdad que sostienes de tu mundo en tu campo energético.

Los humanos crean historias sobre su vida. Luego se creen estas historias y las viven como protagonistas de su propia película. Tú decides lo que crees sobre tu mundo, lo que estás dispuesta a tolerar de otros, las experiencias que quieres vivir y las relaciones que mantienes. Tú proyectas tu película al mundo y la vives tal y como la sueñas.

Si en este momento estás viviendo situaciones o relaciones que no están alineadas con la vida que deseas vivir, pregúntate: ¿qué estoy tolerando en mi campo energético?

Puedes invertir horas en trabajo personal, en escuchar audios o en hacer meditación, pero si no estás lista para establecer límites alrededor de lo que estás dispuesta a tolerar en tu vida, nada en tu realidad cambiará. Esto es especialmente cierto cuando sabes que hay situaciones que no están alineadas con lo que mereces vivir. Si en tu realidad estás tolerando a personas, situaciones o pensamientos que echan por tierra tu ánimo o energía y te distancian de lo que deseas manifestar, es hora de establecer límites claros.

Los límites les enseñan a otros cómo quieres que te traten. También envían un mensaje claro al universo acerca de para qué estás disponible y para qué no estás disponible. Tú decides qué entra en tu campo energético y qué permanece fuera. Tu vida es tu reinado.

Si sientes que hay situaciones en tu vida que no entiendes con claridad cómo suceden o qué parte de ti lo permite, pide ayuda. Los límites no siempre están definidos y a veces hay puntos invisibles que te impiden distinguir dónde estás fallando para que la realidad se manifieste de la manera en que lo hace. No puedes establecer límites a algo que no alcanzas a ver. Pide ayuda divina y no subestimes el poder de la oración y la petición de ayuda. Pide apoyo a tus guías para que te enseñen a ver lo que tú no consigues ver. Pide que se te enseñe tu sistema de creencias con claridad para luego poder establecer límites o cambiarlos si es necesario.

También te invito a dejar ir la culpa, la vergüenza, el arrepentimiento, los «deberías» y el dolor que cargas en tu campo energético. Deja ir todo lo que está impidiendo que te conectes con tu poder personal y escoger tu camino. Este proceso quizá tarde un tiempo y hay muchas modalidades de trabajo energético y psicológico que pueden apoyarte. Invierte tiempo y energía en soltar todo lo que está impidiendo tu expansión. Luego establece límites claros alrededor de lo que estás dispuesta a vivir.

Mi afirmación favorita para el trabajo que estás haciendo hoy es:

VIDA, ENSÉÑAME MI SISTEMA DE CREENCIAS.

Pide a tus guías que te enseñen tu sistema de creencias y en especial lo que sostienes que tú no puedes ver en este momento. La vida se encargará de revelar todo y, con el trabajo de crecimiento que estás haciendo, podrás cambiarlo y alinearlo con tu verdad divina. No olvides que eres amor puro y profundamente amada por la creación. Tu vida es una creación perfecta y el trabajo que estás haciendo te está acercando más a tu verdad, la cual también es perfecta.

TAREA DE HOY:

- ¿En qué situación de tu vida necesitas más claridad para saber por qué se está manifestando de esa forma? ¿Qué información has recibido al solicitar que se te enseñe tu sistema de creencias?

....

....

....

....

....

....

....

....

....

....

....

....

....

....

....

....

SANAR ES RECIBIR TODO CON AMOR INCONDICIONAL

Hoy trabajarás la vergüenza por decisiones que tomaste en el pasado o en situaciones relacionadas con la abundancia.

Algunos ejemplos de momentos en los que mis alumnas o yo hemos aceptado sentir vergüenza son:

- Tener que pedir dinero prestado a algún familiar o amigo.
- Salir a almorzar o a cenar con las amigas y no tener suficiente dinero para pagar la cuenta o cuando la tarjeta de crédito es rechazada por falta de fondos.
- Al tomar una mala decisión económica que luego impactó negativamente en su vida o en la de su familia.
- Cuando sienten que se las ha juzgado por su situación económica o por algo material que refleja su situación económica. Por ejemplo, por no poder comprar ropa nueva para un acontecimiento especial.

- Por no poder llevar el mismo estilo de vida que sus familiares o amigos.

Hay muchas situaciones relacionadas con el dinero o la abundancia que pueden causar sensación de incomodidad, de vergüenza o de no ser suficiente. Esto es especialmente cierto en una sociedad que se basa en la separación y en la jerarquía, y que mide el éxito según la situación económica de una persona. Las creencias colectivas en relación con la abundancia y el dinero generan una gran presión sobre esta energía y un vacío en el que, no importa lo que hagas, nunca sentirás que eres suficiente o que tienes la aprobación de otros.

Tu cuerpo físico y emocional reconocen esta sensación de inseguridad o de no merecimiento y la recuerdan. Ellos te protegen y van a evitar cualquier situación en la que esto se pueda repetir. Naturalmente, tu sistema de creencias sobre el mundo se adapta y cambia debido a la situación que viviste, cerrando tu campo a la abundancia por protección y miedo de volver a sentir esa emoción.

Estos hechos dejan un patrón energético en tu campo que debes limpiar para poder abrirte a la abundancia infinita. Lo primero que tienes que hacer para limpiarlo es perdonarte a ti misma y reconocer que en ese momento tomaste la decisión que creíste que era correcta para ti o que estabas en esa situación porque es lo que tenías que aprender. El pasado se corrige en el presente con amor y compasión.

No eres más o menos valiosa por tu situación económica o por la cantidad de abundancia que tienes en tu vida en este momento. Tú eres suficiente tal cual eres, independientemente de los factores externos. Lo que has vivido no determina tu valor personal. Perteneces a este mundo y eres amada por la creación sin importar las situaciones de vida que experimentas.

LA VERGÜENZA TE ENSEÑA LA ACEPTACIÓN COMPLETA DE TI MISMA

Toma las lecciones que has aprendido de tus decisiones y continúa tu camino con gratitud, amor y devoción. Todo lo que estás viviendo ha sido creado por ti para tu propio crecimiento. Las otras personas son almas puras que sostienen un patrón energético diseñado para reflejar tu sistema de creencias y ayudarte a crecer. No son responsables de la manera en que tú percibes tu mundo. La vergüenza que sentiste viene del patrón de no merecimiento y de la falta de conexión contigo misma. Cuando estás segura de quién eres y de la fuente de la verdadera abundancia, nada de lo externo puede hacerte sentir vergüenza. Recuerda lo que has aprendido hasta ahora: si un patrón de creencias está en ti, lo verás reflejado en tu realidad. Si no está en ti, entonces no se presentará de esa forma.

Para disolver la vergüenza trabaja con el perdón y solicita que esta energía trabaje más allá del tiempo y el espacio para limpiar los patrones en tu campo energético y borrar cualquier energía distorsionada. Accede a la memoria de los sucesos pasados que aún cargas e imagina un baño de luz que te cubre y di para ti misma:

GRACIAS POR ENSEÑARME MI LUZ.

El amor incondicional hacia ti misma te ayudará a fortalecer tu campo y a retirar cualquier sistema de creencias del no merecimiento o la no pertenencia relacionados con la abundancia.

La afirmación de hoy es:

SANAR ES RECIBIR TODO
CON AMOR INCONDICIONAL.

Repítela varias veces al día sintiendo y visualizando un baño de luz y percibiendo cómo tu campo energético se alinea con la frecuencia del amor.

TAREA DE HOY:

- Accede a un momento del pasado en el que sentiste vergüenza o dolor por decisiones que tomaste con respecto al dinero. Visualízate ahí y envía amor y compasión, perdonándote por lo ocurrido y abrazándote con amor. Pide ayuda a la energía de la abundancia para que te ayude a limpiar ese momento y a corregir cualquier distorsión en tu campo energético. Repite este ejercicio cuantas veces sea necesario y para cada suceso por separado.

VIVO EN UN MUNDO DE INFINITAS POSIBILIDADES

Hoy trabajarás en disolver uno de los sistemas de creencias más fuertes de la colectividad: la escasez.

Este patrón está presente en toda la estructura social y colectiva, no solo en torno a la abundancia económica. Hay escasez en torno al tiempo, los recursos naturales y a veces hasta las relaciones. El mercadeo y las estrategias de consumo están basados en la escasez. Como has leído hasta ahora, para que un sistema de creencias se mantenga vivo, hay que darle fuerza. El patrón de la escasez se ha mantenido vivo porque se implanta en la consciencia colectiva a través de diferentes medios y durante un tiempo prolongado. Tu cerebro está entrenado para responder a la escasez con deseo de actuar.

El patrón de la escasez beneficia y mantiene vivo un sistema económico no equitativo basado en la separación y en la estructura social actual. Cuando limpias el patrón de tu campo, te conectas con la abundancia infinita para todas las almas y entiendes que todos los seres humanos tienen derecho a experimentar todas las oportunidades que ofrece la vida.

La escasez lleva a la separación porque, cuando crees que no hay suficientes recursos para todos, tu instinto natural es el de la protección y la supervivencia. Si tu mente cree que no está a salvo, automáticamente tu cuerpo físico y tu instinto básico van a buscar eso que necesitan para sobrevivir con independencia de las necesidades de las personas de tu alrededor.

El patrón de la escasez tiene su origen en la experiencia humana con el tiempo y el espacio. Al sentir que el tiempo y el espacio son limitados, tu mente entiende que hay otras cosas que pueden guardar esa misma relación, como la abundancia. Esta limitación es parte de la experiencia humana en este plano y una percepción creada por esta realidad. Más allá de este plano las realidades son infinitas y no existen el tiempo y el espacio como los conocemos. Si hay infinitas realidades, hay también infinitas posibilidades y recursos para todos. A la mente humana le cuesta entender el concepto de recursos infinitos, por lo que es bueno hacer el ejercicio de visualizar cómo sería el mundo si todo estuviera disponible sin limitación.

DEBILITAS EL PATRÓN DE ESCASEZ CUANDO:

- Cuestionas la estructura económica y social del mundo buscando alternativas para que los recursos se distribuyan de manera más equitativa. El planeta Tierra cuenta con suficientes recursos y oportunidades para todas las almas porque la creación divina no hace separación. Además, todos los seres humanos tienen el mismo derecho a prosperar y vivir en abundancia. Recuerda que la mejor forma de debilitar una creencia es cuestionándola y buscando alternativas más expansivas.

- Te conectas con los ciclos de la naturaleza entendiendo que todo tiene un equilibrio natural. En la naturaleza la energía no se destruye, se recicla, y lo que muere vuelve a nacer de otra forma. El dinero, los alimentos o el tiempo no se acaban, simplemente continúan su movimiento y lo que sale volverá a entrar.

- Reconoces los patrones creados por los conceptos de tiempo y espacio. Cuando te abres a creencias no limitadas al tiempo y al espacio, de una forma natural tu mente comienza a entender que existe la posibilidad del concepto de infinito en este plano también.

- Observas la manera en la que hablas y notas cada vez que te dices a ti misma que hay escasez de algo, por ejemplo, tiempo, dinero, alimentos o amor. Recuerda que debilitas una creencia cuando arrojas luz sobre ella y la cuestionas.

El trabajo que estás haciendo en este programa es profundo, porque cuestiona las bases de quién eres en este mundo y cómo percibes tu experiencia humana. Esto ejerce un impacto en todas las áreas de tu vida y cambia tu forma de relacionarte con tu mundo.

La afirmación de hoy es:

VIVO EN UN MUNDO DE INFINITAS
POSIBILIDADES.

Repite esta afirmación varias veces al día en voz alta y, especialmente, cuando observes que te encuentras en el patrón de escasez.

TAREAS DE HOY:

- ¿Cómo ha cambiado tu percepción del tiempo y del espacio después de visualizar que estos pueden ser infinitos?
- ¿En qué áreas de tu vida sentías que experimentabas la escasez? ¿Cómo ha cambiado esto cuando has cuestionado las creencias en torno a ello?

....

....

....

....

....

....

....

....

....

....

....

....

....

....

....

DÍA 16

PUEDO TENER TODO LO QUE DESEO

Hoy trabajarás la creencia de que no puedes tener todo lo que deseas en la vida. Esta creencia tiene su raíz en la falta de merecimiento y también en la falta de claridad hacia tus deseos.

Por ejemplo, quizá reconoces en ti alguno de estos patrones:

- **No creer que es posible tener más de una posibilidad completamente distinta en tu realidad.** Por ejemplo, puedo escoger una de estas opciones, pero no tener las dos. Esto lo escucho mucho de las emprendedoras con las que trabajo. Muchas se aferran a la creencia de que si tienen hijos no pueden viajar o de que deben escoger entre sus sueños y los de su familia. Suele ser un reto pasar a una forma de mirar el mundo más inclusiva, donde pueden coexistir varias posibilidades juntas.

- La creencia de que «yo no puedo tenerlo todo». No es posible disfrutar de una relación de pareja increíble, abundancia económica, un trabajo que amo, un estilo de vida lujoso, viajes alrededor del mundo, paz interna, felicidad y salud física. Es muy común escuchar la creencia de que la vida te entrega algo, pero te quita por otro lado. Nuevamente, la raíz de esto está en no creerse merecedora de la abundancia infinita.

- Cuestionar la abundancia de otra persona al pensar «esa persona seguramente no lo tiene todo. Debe haber algo que le hace falta». Este sistema de creencias sostiene también la creencia anterior de que no es posible tenerlo todo. Además, está relacionada con el patrón de la envidia que trabajamos anteriormente. Lo que se te está mostrando es una posibilidad para ti. Al creer que a la otra persona seguro que le falta algo, estás indicando que a ti te hace falta eso y que no crees posible para ti tenerlo todo.

La raíz de todo el trabajo que estás haciendo con la abundancia se reduce a tu sensación de merecimiento. Procede de no permitirte ser plenamente feliz y de no creer que eres merecedora de todo lo bueno en la vida. Para romper este patrón, además de trabajar el merecimiento, debes conectarte con la energía de la claridad y con tu propósito de vida.

Cuando no ves claro tu propósito de vida y tus deseos, sentirás un vacío interno que nada material podrá llenar, de ahí la creencia de que no puedes tenerlo todo. Tu alma llegó a este mundo a cumplir con su propósito, que es la expansión máxima de tu ser. Viniste a explorar y a expandir tu sistema de creencias, limitaciones mentales y del cuerpo físico, y a descubrir el amor a través de cada interacción y relación de tu vida.

Estás aquí para ejercer un impacto positivo en el mundo con tu frecuencia y la verdad de quién eres. La energía de la abundancia está aquí para apoyarte en esta exploración. Se te entregará todo lo que necesitas y más para que puedas cumplir con tu propósito de vida. Pero si no tienes claro lo que deseas vivir o lo que tu alma vino a compartir, conectarás con la frecuencia de la confusión y esto, naturalmente, limitará la cantidad de abundancia que entra en tu vida y diluirá tu conexión con ella. Además, abrigarás la creencia de que no puedes tenerlo todo en la vida porque tu mente no sabe cómo sería tu vida con «el todo». El vacío que sentirás te llevará a pensar que no importa lo que recibas, nunca será suficiente.

Cuando tienes claro lo que deseas vivir, la vida te lo entregará sin duda. Con esto no estoy diciendo que la vida te entregará todos los lujos materiales que deseas, aunque quizá ese sea el plan de tu alma y, en ese caso, ocurrirá. La vida siempre te entregará todo lo que necesitas para cumplir el plan de tu alma. Es ahí donde entiendes la gran verdad de que puedes tener todo lo que deseas en esta vida y ser feliz con ello.

Ancla el trabajo de hoy en tu cuerpo físico al conectar con tu corazón y activar tu burbuja de la abundancia. Luego repite a lo largo del día la afirmación:

PUEDO TENER TODO LO QUE DESEO.

TAREAS DE HOY:

- Si asumes la creencia de que puedes tenerlo todo, ¿qué cambiaría en tu vida? ¿Qué te permitirías tener? ¿Cómo sería tu vida ideal?

- ¿Cómo romperías paradigmas sociales al escoger tenerlo todo? ¿Qué creencias existen entre tu grupo de amigos o en tu cultura sobre tenerlo todo? ¿Sentirías que no encajas en tu grupo de pertenencia si vas en contra de las creencias colectivas?

DÍA 17

MUÉSTRAME EL CAMINO DE LA FLUIDEZ

Hoy trabajarás la energía de la dificultad. Este es un sistema de creencias muy presente en el vocabulario diario de la consciencia colectiva. Al igual que muchas de las energías que has trabajado anteriormente, esta es también una forma de autosabotaje y un reflejo de la creencia de no ser suficiente o merecedora de tus deseos.

¿Te identificas con alguna de las afirmaciones siguientes?

- *Ganar dinero es difícil.*
- *Emprender un negocio es difícil.*
- *Las relaciones son difíciles.*
- *La vida es difícil.*

LA FRECUENCIA DE LA DIFICULTAD ATRASA Y BLOQUEA LA MANIFESTACIÓN DE TUS SUEÑOS

Para disolver la dificultad, trabaja con la energía de la valentía y la claridad. Ambas te ayudarán a alinearte con tu propósito de vida y te darán la fuerza que necesitas para vencer cualquier obstáculo en el camino.

La valentía te ayudará a salir de la frecuencia del miedo y la densidad. También te ayudará cada vez que te sientas distanciada del amor. Ella siempre te acompaña y está lista para entrar cuando necesites proteger tu campo energético y caminar con paso firme hacia tu propósito de vida.

Te invito a leer la activación de la valentía cada vez que necesites sentir su fuerza en tu campo y, especialmente, cuando reconozcas el patrón de la dificultad en tu campo. Léela en voz alta.

VALENTÍA

Enséñame el tamaño de mis alas.
Repara y sana las heridas. Dame fuerza.
Recuérdame que puedo volar.
Que mis alas son grandes y fuertes.
Que nunca he caminado sola.
Que soy la abundancia de la Madre Naturaleza.
Que soy la fuerza y el poder de la creación de la divinidad.
Que sostengo el mundo en mí.

La claridad te ayudará a ver el camino de fluidez y libertad. Cuando puedas ver alternativas con facilidad, te darás cuenta de que la situación que deseas o que estás viviendo ofrece muchas posibilidades y que no necesariamente tienen que ser difíciles. Siempre existe el camino de la fluidez y las sincronicidades, solo debes conectar con él.

Utiliza la activación de la claridad cada vez que necesites conectar con un camino nuevo o cuando necesites encontrar la solución a un problema. Léela en voz alta.

CLARIDAD

Ilumina mi camino.
Revela mis intenciones.
Abre espacio para que penetre la sabiduría divina.
Limpia las distorsiones que me impiden conectarme con mi verdad.
Enséñame en dónde no estoy alineada con el amor.
Muéstrame el camino de la fluidez.
Que se ilumine el camino de la abundancia.

RECUERDA QUE NUNCA ESTÁS SOLA EN TU CAMINO DE CONEXIÓN CON LA DIVINIDAD Y LA ABUNDANCIA.

Tienes mucha ayuda divina a tu alrededor disponible para ti en todo momento. Pero para utilizar esta energía necesitas pedirle que entre en tu vida, ella no puede entrar sin tu permiso. La petición puede ser muy sencilla, por ejemplo: «Abundancia, ayúdame a manifestar el dinero que necesito para cumplir este sueño». No subestimes el poder de la oración o de las plegarias y de las energías divinas a tu alrededor. Acuérdate de que la energía de la abundancia va más allá del tiempo y el espacio. Además, las energías de alta frecuencia pueden alinear cualquier patrón distorsionado con la verdad divina, independientemente del grado de dificultad. Tu mente clasificará los acontecimientos de tu vida basándose en la densidad de la historia y la emoción asociada a la misma. Pero para las energías divinas no hay grado de dificultad en la alineación con la luz divina. Cualquier cosa que creas sobre tu vida o sobre la historia que te estés contando puede cambiar si modificas tu forma de verla y encuentras las bendiciones en esa historia. Puedes estar segura de que automáticamente la energía fluirá mejor.

·TAREA DE HOY:

- Busca una situación en tu vida que sostenga el patrón de la dificultad. Pídele ayuda a la energía de la abundancia y utiliza la activación de la valentía y la claridad para disolverlo. Ábrete a la posibilidad de que el camino de la fluidez se te enseñará en poco tiempo.

EL MIEDO SE RINDE
ANTE MÍ

E l miedo es una de las energías que más me gusta cuestionar
y alinear en el camino a la abundancia infinita.

Las frecuencias del miedo y la escasez están constantemente
utilizando la energía vital de los seres humanos para alimentar-
se y seguir expandiéndose. El miedo relacionado con no tener
suficiente dinero o abundancia está muy presente en la consciencia colectiva.

Puedes visualizar que la frecuencia del miedo es como un
parásito que necesita de tu poder personal para mantenerse
vivo. Cuando lo alimentas, estás tomando de tu propio campo
energético la energía de la abundancia, del poder personal y de
la valentía para entregárselo a él. Esto te afecta no solo a nivel
emocional y energético, sino también físico. La frecuencia del
miedo causa confusión, estrés y baja tu sistema inmunitario, lo
que tiene numerosas consecuencias a nivel físico. Tu cuerpo no
está diseñado para vivir permanentemente en la frecuencia del

miedo. Para poder alinear esta frecuencia con la luz divina es necesario reconocerla por lo que es y quitarle poder o dejar de alimentarla con tu luz.

El miedo se disuelve cuando lo reconoces como lo que es: una frecuencia sin significado.

Todo en este mundo es energía que vibra en una frecuencia específica y que contiene información. La mente procesa esta información y luego te alerta de lo que está ocurriendo a través de los pensamientos, sensaciones o emociones. Esta interpretación de la frecuencia a tu alrededor depende mucho de tu sistema de creencias y de tu campo energético. Tu sistema de creencias filtra la manera en la que miras tu mundo y luego te permite crear asociaciones únicas para ti. Es por eso por lo que no todas las personas procesan la misma frecuencia de la misma manera. Por ejemplo, lo que a ti te causa miedo quizá a otra persona no.

Así puedes ver cómo el miedo es una frecuencia densa pero sin un significado único. El significado se lo asignas tú. Aquí es donde adquiere importancia observarte a ti misma y lo que estás creyendo sobre tu mundo. Si sabes reconocer y utilizar el miedo a tu favor, su frecuencia se convertirá en la energía de tu poder personal.

Cuando reconoces el miedo como una energía sin significado, reconoces tu soberanía. Te das cuenta de que lo que antes tenía poder sobre ti ahora ya no lo tiene. Te das cuenta de que tu campo energético y tu realidad te pertenecen. El miedo se convierte en tu gran maestro en el camino de crecimiento.

En ese reconocimiento del miedo está tu liberación de él. Esa liberación abrirá los portales para que entren la abundancia, el placer y la gracia divina a tu vida.

ACTIVACIÓN PARA DISOLVER LA FRECUENCIA DEL MIEDO

Utiliza esta activación para disolver la frecuencia del miedo. Léela en voz alta.

MIEDO

El miedo y la ansiedad no son mi realidad.
El control y la limitación no son mi realidad.
La escasez no es mi realidad.
Mi realidad es mi creación.
Soy mi realidad.
Soy placer y expansión.
Soy abundancia y felicidad.
Soy todo el amor divino que está disponible para mí.

CÓMO DESCONECTARTE DE LA FRECUENCIA DEL MIEDO DE LA COLECTIVIDAD

Debido a todos los cambios energéticos y colectivos que el mundo ha vivido en los últimos años, una gran parte de la colectividad está en este momento en la frecuencia del miedo. La consciencia colectiva es la suma de todas las consciencias del planeta. Por eso es tan importante hacer el trabajo individual de sostener la frecuencia de la luz, porque tu frecuencia impacta en la del planeta entero. Para poder protegerte de la frecuencia del miedo a tu alrededor y no contaminar tu campo es necesario que trabajes todos los días en sellar y proteger tu campo energético, en cuestionar tus creencias y en conectarte con la luz divina en ti. Recuerda que tu corazón siempre te alejará del miedo.

FÓRMULAS PARA DESCONECTARTE DE LA FRECUENCIA COLECTIVA DEL MIEDO

1. **Reconoce la frecuencia del miedo.** Observa y cuestiona todo a tu alrededor, desde lo que estás escuchando, pensando, conversando o leyendo. Pregúntate: ¿cómo me hace sentir esta información? Observa si sientes contracción o expansión en tu cuerpo físico.

2. **Escribe en un papel la situación o el pensamiento que te causó miedo y lo que sentiste.** Describe si habías experimentado esa emoción antes o los detalles de lo que creíste que iba a suceder y que te hicieron sentir miedo.

3. **Quema o rompe el papel.** Mientras haces esto, pide a tus guías que tomen el dolor y la frecuencia del miedo y que te ayuden a disolverla y a transformarla en amor. Solicita una limpieza de la frecuencia del miedo de tu campo energético.

4. **Crea un aro de protección a tu alrededor al activar tu burbuja de la abundancia.**

5. **Pide a tu Ser Superior que te conceda sabiduría y que te entregue un nuevo sistema de creencias alineado con tu poder personal.**

6. **Anota el nuevo sistema de creencias en un papel para que se fortalezca aún más.**

7. **Da las gracias por el apoyo recibido.**

Repite esa fórmula las veces que sean necesarias hasta que tu frecuencia cambie. Al terminar, tu campo estará en una frecuencia más elevada y la realidad se ajustará a ella en muy poco tiempo.

Este trabajo es una práctica de todos los días. Así como cuidas de tu cuerpo físico a diario, también debes cuidar tu campo energético de las frecuencias densas de la colectividad. Si todas las personas hicieran este trabajo, llegaría un punto en el que estas frecuencias de miedo ya no tendrían un anfitrión y morirían. Este trabajo ayuda a crear un nuevo mundo mejor para todos.

REGALOS DE ABUNDANCIA

Para continuar con el trabajo de desconexión de la frecuencia del miedo, te invito a descargar esta activación guiada. Rastrea el código QR. Descárgala y escúchala siempre que lo necesites.

TAREAS DE HOY:

- Activa tu campo energético y la burbuja de la abundancia al menos tres veces al día. No necesitas más de un minuto para hacerlo, con solo cerrar los ojos y hacer la visualización que compartí contigo ya lo estás activando. Cuanto más practiques esta visualización, más fácil te resultará reconocer las frecuencias del miedo en tu campo y disolverlas.

- Utiliza la fórmula del miedo para disolver alguna creencia o situación que te preocupa en este momento. ¿Cómo te has sentido después de hacerlo?

DÍA 19

SOY UN VEHÍCULO PARA LA ENERGÍA DE LA ABUNDANCIA EN EL MUNDO

Hoy trabajarás en ser un canal alineado con la energía de la abundancia para las manifestaciones en el mundo. Como has leído hasta ahora, tú eres un canal para que las energías divinas accedan al mundo.

La energía de la abundancia, por su naturaleza, no tiene una forma física. La forma se la das tú a través de tu intención, tus emociones y lo que visualizas crear. Eres un canal para que esta energía se pueda manifestar de manera material o tangible en el mundo.

Para que la energía de la abundancia fluya libremente es necesario ser coherente y actuar sin distorsiones. Tus palabras, tus pensamientos, tus actos, tus creencias y quién eres frente al mundo, todo tiene que estar alineado con la persona que deseas ser en este momento o lo que quieres manifestar. Si uno de estos factores no está en línea, tendrás una distorsión de la energía y el resultado final estará también teñido de esa distorsión.

Es importante que tu canal de transmisión se mantenga lo más limpio posible de sistemas de creencias limitantes, miedos o escasez en torno a la abundancia. Por ejemplo, cuando te encuentras en la frecuencia del miedo, automáticamente estás tiñendo cualquier manifestación física de algún grado de ese miedo, a veces incluso de manera inconsciente. Esto se ve manifestado en la realidad a través de distorsiones en tu campo. Por ejemplo, terminas creando algo que al final no resultó como deseabas o no era lo que realmente querías. Recuerda que la realidad es una proyección basada en tu sistema de creencias, tus emociones y tu frecuencia.

FRENTE A UNA SITUACIÓN O ALGÚN DESEO QUE QUIERAS MANIFESTAR, PREGÚNTATE:

- ¿Qué estoy pensando de esto?
- ¿Qué estoy diciendo en voz alta?
- ¿Qué emoción siento sobre esto?
- ¿Qué estoy expresando con mi cuerpo físico?
- ¿Cuáles son las creencias que sostengo en relación con esa situación o deseo?
- ¿Mis actos están alineados con todas las respuestas anteriores?

TAREA DE HOY:

- Piensa en algún momento en que conseguiste algo que deseabas pero luego te diste cuenta de que no llegó de la manera en que lo querías. ¿En qué punto del camino hubo una distorsión que te llevó a manifestar la realidad de esa manera?

DÍA 20

CUIDO DE MÍ MISMA CON AMOR Y COMPASIÓN

Hoy integrarás toda la información y los códigos que has recibido en tu campo hasta ahora cuidando de ti misma y haciendo algo que te haga sentir abundante. Puede ser salir a cenar a un restaurante que te guste mucho y al que no vayas con frecuencia, tomarte la tarde libre en el trabajo, ir a un *spa*, comprarte un regalo o pedir ayuda para tus tareas diarias. Saca tiempo para cuidar de ti misma con amor y compasión.

También te invito a practicar activando tu burbuja de la abundancia durante el día. Recuerda que cuanto más la practiques, más fácil te resultará mantenerla protegida y vibrando alto.

Me encantaría saber qué actividades has elegido para hacer de este un día perfecto y abundante. Puedes compartirlas con el *hashtag* #SoyLaMadreNaturaleza o enviando un mensaje privado a la cuenta de Instagram de Mujer Holística: @mujerholistica.

¡Disfruta de tu día!

EL PROGRAMA

BIENVENIDA, ABUNDANCIA

PARTE DOS

TODO EN ESTE MUNDO ES CREADO POR TI, PARA TI Y A TRAVÉS DE TI.

SOY MÁS FUERTE QUE LOS PENSAMIENTOS QUE HABITAN EN MI MENTE

¡Bienvenida a la segunda parte de este programa! Durante más de seis años he guiado a miles de mujeres en su conexión con la abundancia y es en este momento del programa en el que la gran mayoría decide abandonarlo.

Hasta ahora quizá tu mente no sentía mayor amenaza a su estructura y era fácil sacar tiempo para la lectura y los ejercicios. Pero, inevitablemente, en algún punto de este programa, va a llegar el momento en el que te encuentres con tus propias resistencias. Este es un proceso normal y la gran mayoría de las alumnas pasan por él.

La mente está acostumbrada a un patrón de comportamiento y a una visión del mundo que hasta ahora le ha funcionado bien. Cuando cuestionas y quiebras este patrón, tu mente debe adaptarse a uno nuevo y generar confianza en él. Recuerda que tu mente está aquí para ayudarte a mantenerte segura y a navegar este mundo. Ese es su trabajo y lo va a cumplir al pie de la letra, porque, para ella, tu vida depende de ello. Tu trabajo consiste en continuar entrenándola y asegurarte de que te facilite las condiciones que necesites para llevar a cabo el cambio. Tu trabajo es cuidar de ti misma con amor. Por ejemplo, tomar suficiente agua, tener la disciplina de hacer los ejercicios, hablarte con cariño y buscar el apoyo de las personas a tu alrededor durante este proceso.

ALGUNAS DE LAS RESISTENCIAS QUE PUEDES ENCONTRARTE EN EL CAMINO SON:

- Falta de tiempo o creer que otras cosas son más importantes.
- Incomodidad, dolor de cabeza o malestar físico.
- Pereza o ganas de no continuar leyendo el libro.
- Negatividad y creencias limitantes sobre el trabajo que estás haciendo.
- Quejarte o asumir el rol de víctima al creer que este trabajo no funciona.
- Distracciones de las personas o situaciones a tu alrededor o de las redes sociales.

Nuevamente, estas resistencias son normales y es saludable sentirlas. El trabajo que estás haciendo es muy profundo. Estás cambiando patrones energéticos densos que llevan años en ti y en la consciencia colectiva. Estás reprogramando completamente tu forma de percibir y de entender tu mundo. Esto supone una transformación de tu campo energético y de tu realidad física. Sé compasiva contigo misma en este proceso. La expansión requiere valentía y confianza en el futuro. Mantente firme ante los obstáculos, la resistencia y todo lo que estás experimentando en este momento. Tu aceptación y tu rendición frente a lo que está sucediendo te ayudarán a fluir con mayor gracia, placer y facilidad.

Si estás sintiendo resistencia de la mente, repite en voz alta la afirmación:

SOY MÁS FUERTE QUE
LOS PENSAMIENTOS EN MI MENTE.

Prométete a ti misma que vas a terminar el programa sin crearte expectativas. Ábrete a que tu vida puede transformarse en 40 días y que la frecuencia que recibes en estas palabras te está dando la bienvenida a un espacio increíble. Confía en la vida.

EN CASO DE QUE NECESITES MOTIVACIÓN ADICIONAL, TE RECUERDO QUE ESTOS 40 DÍAS ESTÁN:

- Activando tu campo con códigos y frecuencias de alta vibración que cambian tu vibración diaria.
- Desprogramando y limpiando tu campo energético y cuerpo físico de densidad, creencias limitantes y patrones antiguos que te limitan en todas las áreas de tu vida.

- Abriendo tu capacidad de recibir y sostener más abundancia en tu campo, ayudándote a tener una nueva forma de ver tu vida y el mundo a tu alrededor.
- Transmitiendo códigos sagrados y milenarios de la energía de la abundancia.
- Activando y protegiendo tu campo energético.
- Abriendo tu intuición y tu conexión con energías más sutiles.

El trabajo que estás haciendo aquí impactará en todas las áreas de tu vida y te llevará a un conocimiento más profundo de ti misma. No pierdas la esperanza de que puedes vivir una vida increíble si te lo propones.

TAREAS DE HOY:

- Comparte en tu cuaderno personal las resistencias que has sentido en estos 20 días al escuchar los audios de regalo, al hacer las tareas o al abrirte a la abundancia.
- Comprométete contigo misma a esforzarte para llegar al día 40. Escríbelo en un papel y adquiere el compromiso con tu yo futura de que llegarás al final.

OBSERVO MI VIDA
CON ATENCIÓN

Hoy te vas a convertir en una detective del comportamiento abundante.

Las detectives del comportamiento abundante buscan patrones de comportamiento contradictorios, limitantes o que vienen de la escasez. Son expertas en analizar por qué tomas ciertas decisiones de compra y en encontrar los patrones de creencias en ellas.

¿CÓMO TE CONVIERTES EN UNA DETECTIVE DEL COMPORTAMIENTO ABUNDANTE?

Observando cuidadosamente los patrones detrás de tu decisión de compra.

Por ejemplo, si estás en el supermercado, observa:

- Si te fijas en los precios de los productos.
- Si comparas productos basándote principalmente en el precio.
- ¿Qué importancia tiene el precio en tu decisión de compra?
- ¿Qué dejas de comprar porque «es muy caro»?

Es importante mencionar que una investigadora del comportamiento abundante no juzga las decisiones que tomas ni te dice lo que tienes que comprar o no comprar. Ella está aquí para iluminar aspectos que se hallan en la oscuridad y para ayudarte a reconocer lo que hay detrás de tus decisiones.

Una investigadora observa con atención los patrones de comportamiento que normalmente tú no ves. Puedes imaginar que es como una cámara escondida que te acompaña y luego te enseña cómo has actuado. Para ser una investigadora debes observarte a lo largo del día. Fíjate en qué te dices a ti misma sobre las relaciones, el dinero, la economía, tu trabajo y tus oportunidades. Luego anota todo lo que has comprado o dejado de comprar y las decisiones que has tomado al respecto. Observa las razones por las que has tomado cada decisión.

La clave para ser una investigadora es no juzgar tu comportamiento de compra. La relación con la abundancia no la vas a cambiar siendo dura contigo misma o luchando en contra de tus decisiones. La relación con la abundancia se transforma entendiendo y cambiando tu sistema de creencias. Esto lo haces arrojando luz sobre ellos y cuestionándolos. Esto los debilita y te permite que entre un nuevo sistema de creencias.

Después de realizar este ejercicio te será más fácil tomar decisiones desde un espacio de conexión con tu poder personal.

Reconocerás cómo estás creando tu realidad y los pasos para cambiarla. Tus decisiones de compra estarán basadas en tu corazón y en una mentalidad abundante, no en un espacio de limitación, escasez o miedo.

Así, tu realidad se convertirá en tu creación perfecta. Cambiarás tu código de la abundancia con amor y suavidad, no desde un espacio de juicio o de limitación. La abundancia está aquí para ayudarte a crear una vida más expansiva y llena de luz. Permite que su energía entre y te apoye en todas las áreas de tu vida.

TAREA DE HOY:

- ¿Qué has notado sobre tu comportamiento de compra después de hacer el ejercicio de hoy?

SOY LA REINA
DE MI UNIVERSO

Como has leído hasta ahora, los sistemas de creencias que sostienes en tu campo energético son muy importantes a la hora de crear tu realidad. Estos pueden ser limitantes o expansivos. Te pueden ayudar a crear un mundo infinitamente más grande o enseñarte un camino de limitación, dificultad y escasez.

Una de las maneras en las que estos sistemas de creencias se hacen visibles es a través de tus pensamientos y de la famosa voz en tu cabeza. Es la voz interna la que te cuenta una historia sobre tu realidad durante todo el día. ¿La oyes en este momento? Esa voz te explica cómo ve el mundo, lo que desea crear, cómo se siente y cómo se percibe a sí misma.

Ella también puede ser limitante o expansiva. Una voz limitante puede ser crítica, exigente, negativa y dolorosa. Esta voz puede ser el bloqueo más grande en tu camino a la abundancia infinita.

Una de las cosas más dolorosas que he visto durante los diferentes talleres con mis alumnas es la manera en la que se hablan a sí mismas. Yo también sé lo que es tener una voz crítica interna que te causa dolor. Durante muchos años tuve una voz interna que me contaba una historia de dolor, de escasez y de dificultad. Además, mi voz interna era muy exigente conmigo. Hoy miro hacia atrás y me arrepiento de haber sido tan dura conmigo misma durante tantos años.

Tú y yo somos una creación perfecta de la divinidad. Somos la expresión máxima de todo lo hermoso que existe en este mundo. No necesitamos vivir con una voz crítica interna que nos indica todo lo que no estamos haciendo bien o lo negativo en la vida. Es posible cambiar esa narrativa y hablarte a ti misma con amor, compasión y motivación.

Una de las mejores maneras de suavizar esa voz crítica o los pensamientos en tu mente es hablando y negociando directamente con ella. Los pensamientos limitantes y la voz crítica no conocen otro mundo que el de la alerta, el miedo o la limitación. Buscan protegerte a su manera. Tu trabajo es enseñarles que hay un mundo más expansivo que eso y que tú los llevarás allí.

Antes de trabajar con los pensamientos limitantes y la voz crítica te recomiendo, primero, fortalecer tu poder personal y tu corazón. Esto te ayudará a ser amorosa y compasiva, pero también a establecer límites claros. Una de las mejores energías con las que puedes conectar para este fin es la energía de la reina.

BIENVENIDA A TU REINADO

Trabajar con la reina es mi manera favorita de conectar con mi poder personal y establecer límites claros. La energía de la reina es la de la dulzura, la presencia, la expansión y la soberanía. Ella vive en gratitud porque su reinado está lleno de bendiciones; además, es su creación perfecta.

La reina sabe con certeza que todo lo que ella toca, lo que hace y lo que crea vibra en la abundancia y la expansión, igual que el universo mismo.

Ella es la máxima representación de la abundancia. Todo lo que crea en el mundo externo es un reflejo de su verdad interna. La reina es libre y poderosa. Vive libre de sistemas de creencias y expectativas impuestos por otros. Elige su camino.

La reina escoge lo que penetra en su reinado. El control, la culpa, la vergüenza y el arrepentimiento no acceden a su reinado. En él, ella es libre de las personalidades y las máscaras que la encasillan. Es libre de ser ella misma. Su reinado no es algo externo. Su realidad, sus logros, su identidad y su reconocimiento no son su reinado. Su reinado está en el corazón y ella lo protege con su vida.

La reina se reconoce como la divinidad en forma y sabe que su transmisión es única. Ella conoce el poder de su frecuencia y su mensaje. Vive sus palabras, cuida sus palabras y protege su frecuencia.

La energía de la reina es la que te lleva a reconocerte como la máxima expresión de la divinidad en el mundo. Lo único que te separa a ti de tu reinado es la ilusión de que estás separada de la abundancia infinita.

Tu reinado está aquí y está disponible para ti, ya es tuyo.

REGALOS DE ABUNDANCIA

La energía de la reina está aquí para ti y yo más que nadie deseo que te conectes con ella y la sientas en tu corazón. Por eso quiero compartir contigo una activación muy especial. Escanea el código QR y accede al contenido que he preparado para ti. **www.mujerholistica.com/naturaleza**

TAREA DE HOY:

- Si supieras que la vida te está respaldando, que tienes el éxito asegurado y que todo es posible, ¿qué pensarías de ti misma? ¿Qué te atreverías a hacer? ¿Cómo percibirías la vida y tu realidad? ¿Cómo actuarías? ¿Qué cambios harías en tu vida? ¿Qué mensaje compartirías con el mundo?

DÍA 24

TODO EL UNIVERSO ESTÁ DENTRO DE CADA PENSAMIENTO

Hoy compartiré contigo uno de mis temas favoritos: la creación de la realidad.

Vives en un universo de infinitos potenciales y con múltiples realidades sucediendo simultáneamente. Pero la experiencia que estás teniendo en este plano de la realidad es muy distinta, ya que está sujeta a leyes del tiempo y el espacio. Además, es una experiencia basada en la dualidad y muy limitada a los cinco sentidos.

TEN PRESENTE QUE TODO EL UNIVERSO ESTÁ DENTRO DE CADA PENSAMIENTO.

Puedes imaginar que la creación de la realidad es como una radio en la que cada emisora es una frecuencia específica. Cada emisora te hace sentir algo diferente y tú escoges qué escuchar, basándote en lo que quieres sentir en ese momento. Al igual que en la radio, aunque estés escuchando una frecuencia específica, las otras estaciones continúan transmitiendo. Todas las estaciones están transmitiendo de manera simultánea, independientemente de lo que escojas experimentar. La experiencia humana te permite explorar distintas realidades según tu frecuencia e intención. Con cada emoción, intención, acto y palabra estás creando la realidad que experimentas.

LA CONSCIENCIA QUE LO FORMA TODO ES INDIVISIBLE

En la partícula más pequeña de la creación se encuentra el universo entero. Si miras más allá de la experiencia que estás teniendo, toda la energía está en potencia y cabe cualquier posibilidad.

Vives en un mundo de infinitos potenciales y puedes crear cualquier realidad que desees. Tu energía de creación es infinita y, cuando utilizas este poder de manera consciente y alineada con tu propósito de vida, eres imparable.

RECUERDA QUE TU ALMA SIEMPRE
VA A BUSCAR LA EXPANSIÓN.

Detrás de todo lo que consideras «malo» está también la luz. Detrás de todo lo que consideras «bueno» está también la oscuridad. Es a través de esta polaridad como crece tu alma. Cuanto más claro puedas observar lo que ocurre a tu alrededor con neutralidad, sin juicios ni división, más fácil te resultará conectarte con la verdad divina. La observación de ti misma es la clave para mantener tu campo limpio y la frecuencia alta.

Cuando te enfrentes a retos, aprendizajes o nuevas oportunidades, recuerda que las situaciones nunca son idénticas y no estás retrocediendo en el camino. Tú no eres la misma persona que eras hace unos años, incluso hace unos días. A cada instante todo cambia, incluyendo tu cuerpo físico, y se ubica en distintos planos de la realidad. A cada segundo de tu vida estás escogiendo crecer y conocerte mejor. Disfruta de cada etapa del crecimiento y, sobre todo, de la experiencia humana que estás teniendo.

TAREAS DE HOY:

- ¿Qué emisora de radio estás escuchando? ¿Qué experiencia de vida estás escogiendo?
- ¿Estás viviendo alineada con tu propósito de vida? ¿Cómo podrías conectarte aún más para experimentar la fluidez en tu vida?

DÍA 25

EL PASADO SE CAMBIA EN EL PRESENTE

Hoy accederás al pasado para limpiar patrones y residuos que puedan estar bloqueando tu conexión con la abundancia. Alinearás estos patrones energéticos con la energía divina. A este proceso lo llamo «alquimizar» la energía distorsionada de la abundancia.

Recuerda que en el plano energético todo está ocurriendo de manera simultánea. Cuando se produce un suceso que te afecta en el plano emocional o energético, tus células y tu cuerpo físico cargan con la memoria de ese suceso aun en el momento presente, independientemente de cuándo ocurrió. Tú cargas en tu campo energético historias del pasado que a veces ni conoces, pueden ser de tus ancestros o de la colectividad. Todo esto está influenciando la creación de la realidad. Si bien no puedes cambiar lo que ocurrió en el pasado, sí puedes cambiar tu percepción, emoción y frecuencia de eso que viviste. El tiempo no existe de la misma manera en el plano energético, por lo que el pasado se puede cambiar en el presente.

El trabajo que harás en la visualización a continuación cambia la memoria celular, por lo que puedes sentir cansancio, ganas de llorar o resistencia a hacerlo. Como ya te he dicho anteriormente, te recomiendo tomar mucha agua durante este proceso y sacar tiempo para descansar. Aprovecha para mimarte y felicitarte por estar haciendo este trabajo. Recuerda que sanar es recibir todo con amor incondicional, incluyendo las cosas difíciles o dolorosas que limpias de tu campo.

FÓRMULA PARA «ALQUIMIZAR» LA ENERGÍA DISTORSIONADA DE LA ABUNDANCIA

Esta fórmula para «alquimizar» la energía distorsionada de la abundancia es muy fácil de utilizar. Te recomiendo que, cuando la uses, estés en un lugar silencioso y libre de distracciones. Antes de empezar, respira hondo varias veces y céntrate en por qué estás haciendo este trabajo.

PRIMER PASO
CONECTA CON TUS GUÍAS Y CON LA ENERGÍA DE LA MADRE NATURALEZA.

El primer paso para la transformación de la energía distorsionada de la abundancia consiste en conectarnos con la fuente más pura que tenemos de esta energía; en este caso, la Madre Naturaleza y las frecuencias divinas. Esto lo haremos activando la burbuja de la abundancia, una práctica que vienes haciendo desde el principio de este programa.

Activa tu burbuja de la abundancia y luego pide que accedan al espacio los seres de la frecuencia más alta disponibles para ti en este momento y la energía de la abundancia. Pídeles que accedan a tu campo para ayudarte a disolver cualquier distorsión en torno a la energía de la abundancia. Estos seres se alegran de apoyarte en tu proceso y te guiarán con amor.

SEGUNDO PASO
ESCANEA TU CUERPO FÍSICO.

Respira hondo y lentamente, haz un escaneo de tu cuerpo físico de pies a cabeza. Observa dónde sientes resistencia, dolor, incomodidad, tensión o cosquilleo.

Una vez que hayas escaneado todo tu cuerpo físico, lleva tu atención a un lugar en particular donde sientas algún bloqueo o tensión que te llame la atención más que otro. Si tienes varios, escoge solo uno.

Respira hondo en esa área y pide ayuda a la energía de la abundancia que te acompaña para que limpie las distorsiones. Continúa respirando hondo manteniendo tu atención en esa área del cuerpo. Si te distraes, vuelve al llevar tu atención allí y a la respiración.

En este momento quizá experimentes incomodad o sensaciones físicas, quizá puedas ver imágenes o quizá te vengan a la mente recuerdos que salen a la superficie. Es importante que no te adentres en las historias de lo que ves o sientes. Con esto me refiero a que no intentes entender estas imágenes o recuerdos, ni busques juzgarlos, analizarlos o proyectarlos. No permitas que la mente intervenga en este proceso, ya que eso la frenará e interferirá en la habilidad de las energías para trabajar en tu campo.

Las energías de abundancia y los seres de luz continuarán trabajando en tu campo unos minutos hasta que sientas que el trabajo ha concluido.

TERCER PASO
TRAE CLARIDAD Y LUZ DIVINA.

Una vez que sientas que el proceso ha terminado, imagina un haz de luz de color azul que te baña por completo desde la coronilla hasta los pies. Luego llama a la energía de la claridad y pide que te entregue una afirmación para sellar el trabajo que has realizado. Confía en la primera afirmación que te llegue a la mente. Esa es la que necesitas para el trabajo que has realizado hoy.

Escribe aquí la afirmación que te ha venido a la mente durante la activación.

....

....

....

....

....

....

....

CUARTO PASO
AGRADECE.

Para cerrar, da las gracias a las energías y pide que continúen trabajando en tu campo hasta que esté alineado completamente con la energía de la abundancia.

Al finalizar este proceso puede que sientas que salen emociones a la superficie o memorias que tu cuerpo quiere limpiar. No intentes juzgar ni analizar lo que te llega, simplemente siente y permite que la energía fluya. Abraza tu proceso con cariño y permite que la sabiduría que hay dentro de ti acomode los patrones energéticos a la luz divina.

TAREA DE HOY:

- ¿Cómo te has sentido después de realizar la fórmula para «alquimizar» las distorsiones de la energía de la abundancia?

DÍA 26

PERTENEZCO
A ESTE MUNDO

Hoy trabajarás una pieza muy grande del rompecabezas de conexión con la abundancia. Una de las grandes distorsiones de la energía de la abundancia en tu campo procede de tu familia. Estos patrones pueden venir de tus padres, tus hermanos, tus abuelos o también los puedes haber heredado de tu linaje. Hoy los explorarás en profundidad para ver lo que está ahí listo para ser revelado.

Los patrones, sistemas de creencias, lealtades y contratos familiares son muy complejos porque implican a muchas personas y, a veces, a generaciones enteras. En estos 40 días quizá no vayas a limpiarlos todos, pero sí recibirás herramientas que te ayudarán a arrojar la luz sobre los que más están limitando tu realidad en este momento.

Tu trabajo hoy consiste en explorar la relación de la abundancia dentro de tu familia buscando patrones como:

- Creencias que aprendiste sobre la abundancia y que integraste como tu verdad.

Cada familia es un mundo completamente distinto con creencias únicas. Hoy quiero que reflexiones sobre qué creía tu familia acerca del dinero y la abundancia. Si bien la abundancia no solo es dinero, generalmente en las familias el tema económico es importante y tiende a crear en los hijos patrones que los acompañan a lo largo de muchos años.

Algunas preguntas que te puedes hacer son:

- ¿Qué creían tus padres acerca del dinero y la abundancia?
- ¿Cómo fue tu infancia con respecto a la relación con el dinero y la abundancia? ¿Hubo algún momento específico que aún recuerdas como algo que marcó tu relación con la abundancia? Ten en cuenta, por ejemplo, situaciones como problemas financieros que hayan afectado a tus padres, aunque tú fueras abundante en experiencias o en relaciones que no requerían dinero.
- Durante tu infancia ¿qué creías sobre la situación económica del mundo y la capacidad de tener las cosas materiales que deseabas? Por ejemplo, ¿en tu casa se hablaba mal de las personas que tenían dinero?
- ¿Qué creen hoy tus padres o familiares sobre el dinero o la abundancia? ¿Cómo ha cambiado esa relación?

Comparto contigo dos ejemplos muy comunes de patrones que las alumnas de Mujer Holística aprendieron de sus familias y que marcaron su forma de ver el mundo. El primer patrón común es la historia de una familia con pérdidas económicas, por ejemplo, una gran quiebra familiar. Muchas alumnas afirman que quizá sus abuelos tenían mucho dinero y luego lo perdieron, por lo que sus padres crecieron deseando recuperar esas pérdidas y con una visión distinta de su realidad económica. Esto las llevó a sentir que no podían tener un estilo de vida como el que llevaban sus amigos o su círculo social y que ya no pertenecían a él. Sentían que no eran suficientes o que eran juzgadas por su situación económica. Esta creencia creó un bloqueo en la cantidad de dinero que podían generar y su sentido de merecimiento. Este patrón las acompañó toda su vida y fue creando su realidad más allá de la casa de sus padres. Cuando arrojaron luz sobre este patrón y lo reemplazaron por otro sistema de creencias, pudieron liberarse de él y abrirse a la expansión.

El segundo ejemplo, muy común, son las dificultades, discusiones o divorcios en las familias por el tema del dinero. Esto marca a muchas de las alumnas, porque las lleva a asociar el dinero o la abundancia económica con dolor. Inconscientemente limitan su capacidad de vivir en abundancia por miedo a sufrir por ello.

De nuevo, los patrones familiares son muy profundos y requieren que los observes y cuestiones en todo momento. Cuando los ves como lo que son, energía neutral con información, es más fácil reemplazarlos por una creencia que te empodera y limpiarlos de tu campo.

LAS LEALTADES Y LOS CONTRATOS FAMILIARES OCULTOS

Al contrario de tu sistema de creencias, que muchas veces puedes observar a simple vista, las lealtades y los contratos familiares son mucho más profundos y generalmente más dolorosos de cambiar. Pero, al mismo tiempo, romper estas lealtades y contratos es lo que más te va a liberar para poder crear la vida que deseas.

¿Qué son las lealtades y los contratos familiares ocultos?

Son pactos energéticos que creas con otras almas para mantener una relación o una situación como está por miedo a las consecuencias de cambiar ese patrón. Las lealtades y los contratos son muy complejos. Generalmente afectan a toda la manera en que la familia se relaciona y los roles que cada persona ha asumido dentro del sistema. Te recomiendo que trabajes estas lealtades y contratos con una persona que te pueda guiar y apoyar en la transición, por ejemplo, una *coach* o una terapeuta, ya que el proceso de cambio no siempre es fácil.

Un ejemplo de un contrato familiar es cuando crees que se trata de una coincidencia que ganes la misma cantidad de dinero que tu padre ganó toda la vida. Quizá has intentado ganar más dinero y haces todo el trabajo en torno a tu mentalidad y sistema de creencias, pero aun así siempre recibes la misma cantidad que tu padre. Incluso si ganas más dinero, lo pierdes o te sientes culpable y lo escondes. En este caso tienes un contrato energético con tu padre que te está limitando.

Cuando comiences a explorar este patrón quizá te des cuenta de que tu padre y tu madre han trabajado toda la vida para conseguir lo que tienen y que no ha sido fácil para ellos. Los has visto despertarse muy temprano y trabajar durante jornadas continuas y extenuantes para traer ingresos a la familia. Hoy en día, ganar más dinero que tus padres y, tal vez, con mayor facilidad, te lleva a sentirte mal porque ellos hayan trabajado durante tantos años para ganar lo mismo que ganas tú ahora trabajando menos. Esto te hace sentir culpable o no merecedora de tus ingresos. Además, quizá sientes que, si ganas más que ellos, se podrían sentir mal o tristes. Como hija, lo último que quieres es que tus padres se sientan así y por esta razón haces todo lo posible para que ellos sigan sintiendo que su esfuerzo fue importante. Esto te lleva a ti a ganar lo mismo que ellos y a mantener esa igualdad energética.

Otra versión de ese contrato energético es con los padres o madres que siempre han sido los proveedores de la casa y ese rol es su forma de expresar amor. Muchas veces los hijos tienen miedo de ganar su propio dinero o de ser independientes económicamente, ya que, al hacerlo, les arrebatarían a los padres ese rol que los hace tan felices. Esto se puede trabajar cambiando la manera en la que se basa la relación y las interacciones familiares. Nuevamente, el trabajo es profundo y no lo vas a hacer en un día, pero estás trayendo luz a él y esto es importante.

Un ejemplo de las lealtades presentes en torno a la abundancia son los pactos de silencio. Por ejemplo, creciste en una familia que tenía un nombre y un apellido importante en la sociedad. Tu familia tenía problemas económicos y muchas deudas. Sin embargo, aparentaban ante el mundo otra situación económica para mantener su posición en la sociedad. Tu sentido de lealtad con tu familia te lleva a replicar ese mismo patrón, perpetuando la imagen de un estilo de vida distinto a la situación que vives, incluso si tienes deudas, para mantener el apellido ante otros. Este pacto puede continuar durante generaciones sin romperse, ya que el sentido de lealtad con el linaje familiar es muy profundo.

Te invito a explorar los contratos y las lealtades que puedas estar sosteniendo con tu familia y que te están limitando, y hacer el propósito de trabajarlos para ir disolviendo su carga en tu campo energético.

EL MIEDO A NO PERTENECER

Sanar los patrones familiares es uno de los procesos más complejos, y a veces dolorosos, de la conexión con la abundancia, porque implica tener que afrontar tu miedo a no pertenecer y el riesgo a que tu familia no te acompañe en el nuevo camino.

El sentido de pertenencia es una necesidad básica de los seres humanos y se reduce al instinto de supervivencia, nos necesitamos mutuamente para sobrevivir y, en especial, a una edad temprana. Esto significa que tu mente no va a soltar con tanta facilidad un sistema de creencias en torno a la abundancia si eso significa que va a dejar de encajar en su tribu de pertenencia, en este caso tu familia o las personas con las que creciste.

La manera de contrarrestar este miedo y de sentir seguridad para hacer el cambio es conectándote con la fuente de pertenencia y abundancia más grande que tenemos: la Madre Naturaleza. Tú perteneces a este mundo porque estás viva, aquí, y eres una creación divina. Eres amada de forma incondicional por la creación, independientemente de tu sistema de creencias, actos u opiniones. La divinidad te ama y es tu derecho divino estar en este mundo. Confía en que la vida tiene a las personas y situaciones indicadas que te acompañarán siempre en tu camino.

Sobre todo, mantén tu frecuencia alta. Cuando tu frecuencia aumenta, automáticamente atraerás a personas con la misma frecuencia a tu campo. Tienes que confiar en que nunca estarás sola. Quizá tu familia te acompañe en este camino a la abundancia y quizá no, pero tienes que hacer este cambio por ti misma. No puedes disminuir tu luz o mantenerte en una zona de confort y sin crecer para que otros sean felices. Las leyes de la naturaleza no funcionan de esa manera. Cuando disminuyes tu luz, estás disminuyendo la frecuencia de toda tu familia, aunque no parezca así a simple vista. Tu camino de la abundancia acabará inspirando a tu familia para que crezca también. Y si esto no ocurre, tienes que estar segura de que es porque hay un plan divino detrás de todo lo que sucede. La rendición y la compasión son dos de las energías más poderosas para este camino. Confía en la vida.

Además, recuerda que el trabajo que estás haciendo al sanar estos patrones va más allá del tiempo y el espacio como lo conoces. Cuando limpias tu campo de patrones heredados que no te corresponden y de sistemas de creencias limitantes, estás sanando a generaciones pasadas y futuras. Tienes mucho apoyo de tus ancestros en este proceso, pide su ayuda y confía en que impulsará a toda tu familia a conectarse más con la abundancia.

Puedes repetir en voz alta las siguientes afirmaciones para ayudarte en el proceso:

PERTENEZCO A ESTE MUNDO

O

ESTOY SEGURA EN ESTE MUNDO.

TAREAS DE HOY:

- ¿Qué sistemas de creencias limitantes de tu familia has descubierto en el trabajo de hoy? ¿Cómo podrías reemplazarlos?
- ¿Qué contratos y lealtades sostienes con tus familiares? ¿Cómo podrías arrojar luz sobre ellos y trabajarlos?

SOY UN SER
SOBERANO DE LUZ

El trabajo de ayer fue energéticamente muy poderoso y hoy quiero ofrecerte un recordatorio de tu poder infinito de creación.

Tu camino de conexión con la energía de la abundancia es un reconocimiento de tu soberanía. La abundancia te está recordando que no tienes que escoger vivir en un paradigma que no está alineado con quién eres y distante de tu verdad. Te está invitando a ver que eres capaz de crear un mundo interno alineado con el amor y luego verlo reflejado externamente. Su energía te está conectando a niveles profundos con tu poder personal y con la creación. El canal de la abundancia es el mismo que el canal de la luz divina, su apertura permitirá que entren también otras energías divinas a tu campo.

LA ENERGÍA DE LA ABUNDANCIA
TE ESTÁ ACTIVANDO EN EL RECONOCIMIENTO
DE TU DIVINIDAD.

Las herramientas que has recibido hasta ahora te apoyan para caminar hacia esa realidad abundante que deseas vivir. Pero la decisión de aplicarlas y vivir desde un espacio soberano y abundante es tuya. Tu poder personal te recuerda que siempre tienes potestad para escoger qué vivir.

Es tu decisión vivir desde el miedo, la rabia, la envidia, la escasez o la dificultad.

Es tu decisión vivir desde un espacio de aceptación, amor, generosidad, compasión y abundancia.

RECUERDA QUE TU REALIDAD
SIEMPRE REFLEJARÁ TU DECISIÓN.

La fábrica de la creación de la realidad funciona de manera muy sencilla, las reglas son universales y el camino de la verdad es uno. En todo momento estás creando tu experiencia de vida para aprender de ella y crecer. Todo es creado perfectamente por ti, para ti y a través de ti. Llevas contigo las claves para acceder a tu poder infinito de creación. Hay múltiples realidades que ocurren al mismo tiempo y tú puedes escoger en la que vas a vivir. Tu creación es tu decisión.

MANTENTE FIRME EN LA CONVICCIÓN
EN TU VERDAD Y LA CERTEZA DE QUIÉN ERES.

Deja atrás la creencia de que tienes que sufrir por el bien de otros o de que el cambio no es posible para ti. Deja atrás los paradigmas antiguos del mundo y las creencias de escasez y dificultad. Estás viviendo en el espacio de potenciales infinitos y puedes escoger a tu gusto qué experimentar en cada instante de tu vida.

Tú juegas un papel importante en la creación del nuevo mundo. El mundo necesita tu voz, tus ideas, tu frecuencia, tu compasión y tu corazón. El mundo te necesita liderando con valentía, amor, fuerza y convicción. El futuro te necesita conectada en la luz hoy. Sueña, crea y construye la realidad que deseas para toda la humanidad. Concéntrate en aportar belleza, amor y luz al mundo. La energía de la abundancia está aquí para apoyarte en tu misión y sé que es posible para ti impactar positivamente en este mundo.

CREA TU REALIDAD CON LA AYUDA DE LA MADRE TIERRA.

Haz posible lo imposible. Tu corazón late con el latido de la Madre Tierra y ella te enseñará el camino. Estás respirando, expandiendo y cocreando con ella en todo momento. Conecta con tu corazón y emite la frecuencia de la creación al mundo. Si vives desde la frecuencia pura del amor, nunca te equivocarás. El mundo externo se acomodará a la perfección.

Tu tarea para hoy es escuchar música que te haga sentir animada y expansiva. La afirmación del día de hoy es:

SOY UN SER SOBERANO DE LUZ.

Repite esta afirmación en voz alta varias veces al día sintiendo la frecuencia en tu cuerpo físico y activando sus códigos en ti.

TAREA DE HOY:

- Conecta con tu corazón, respira hondo y siente la expansión en tu cuerpo físico. Confía en tu intuición y en los mensajes de tu corazón. Comienza a tomar decisiones desde ese espacio. ¿Qué sensación te produce tomar decisiones desde el corazón y no desde la mente? ¿Los deseos de tu corazón son diferentes a lo que tu mente quiere que hagas?

DÍA 28

SOY LIBRE DEL SUFRIMIENTO POR LA ABUNDANCIA

Hoy liberarás la creencia de que tienes que cargar con el dolor o con el sufrimiento del mundo para ser merecedora de la abundancia infinita. La energía de la abundancia te recuerda que no tienes que sufrir por la liberación de otros y que puedes dejar ir la frecuencia de la culpa de tu campo energético.

El patrón colectivo de la abundancia te dice que debes:

- Sentir culpa por tener algo que otros no tienen.
- Sufrir por la situación económica de otras personas.
- Negarte o esconder la felicidad o la abundancia si otros no las tienen también.

También te hace creer que buscar tu felicidad, la abundancia o desear una vida mejor es egoísta.

EL SUFRIMIENTO POR LA ABUNDANCIA VIENE DE LOS APEGOS MENTALES

El sufrimiento por la falta de abundancia viene de la visión equivocada de ti misma. Entras en el sufrimiento cuando olvidas que tu estado natural es abundante y crees las historias que te cuentan tu mente y la colectividad. La definición de abundancia es tener todo lo que necesitas para cumplir tu propósito en la Tierra, que es ser tú misma y disfrutar de esta existencia. Cuando te separas de tu propósito de vida y te aferras a los deseos o apegos mentales, miras tu vida desde una perspectiva equivocada. Esto, por supuesto, te llevará al sufrimiento, ya que la mente estará continuamente buscando algo que no encuentra y vibrando en la escasez. Recuerda que la conexión con la abundancia se debilita cuando te apartas de tu verdad.

Cuando otros están en la frecuencia del sufrimiento por su situación económica y tú te identificas con ello y lo cargas emocionalmente en ti, estás identificándote también con la ilusión. Estás dándole poder a una visión equivocada de ti misma y de la otra persona también. Esto no significa que no quieras ayudar a otro o que sientas dolor por su situación. Es normal y sano sentir las emociones ante la situación que otro está viviendo. Pero no puedes cargarlo en tu campo energético y sufrir por ello. Si lo haces, estás permitiendo que entre en tu campo y disminuya tu frecuencia. Esto no solo reduce tu frecuencia, sino también la de las personas a tu alrededor y la del planeta.

Ante el sufrimiento busca la neutralidad divina. Ella te enseña a mirar las situaciones más allá de la ilusión y de la dualidad, buscando la verdad divina en todo. Desde el espacio de neutralidad divina puedes ver cualquier situación con amor y compasión, entendiendo que todos los seres humanos tienen algún tipo de apego mental y que eso no define quiénes son. Todas las personas pactaron lecciones que aprender en este planeta, algunas de ellas económicas. Los retos y las situaciones que están viviendo les están enseñando lecciones de vida importantes que su alma necesita. Tu trabajo no consiste en juzgar, manipular o ignorar sus lecciones de vida. La neutralidad divina te enseña a observar esas lecciones con amor y compasión, impactando en su vida a través de tu presencia y tu amor.

Cuida tu frecuencia y mantente en neutralidad divina. A la mente le cuesta entender esta lección y va en contra de muchas creencias colectivas que quizá has escuchado o aprendido a lo largo de tu vida. Resulta más difícil cuando el que sufre es alguien cercano a ti. Tú sostienes una frecuencia específica en el mundo y es importante para lo que estamos viviendo como humanidad. Es tu frecuencia la que inspirará a otros a subir de nivel y buscar algo mejor para ellos mismos. La mejor forma de mostrarles a otras personas que las quieres y que estás ahí para ellos es entregándoles amor y presencia, no miedo y sufrimiento.

TAREA DE HOY:

- En el espacio que encontrarás en este libro escribe todo lo que en este momento te causa angustia, dolor o sufrimiento. El dolor que cargas por el mundo, las cosas que te ponen triste, los comentarios que otros han hecho sobre tus deseos de abundancia, tus frustraciones de la sociedad y la colectividad, tu dolor por la Madre Tierra, cada vez que has sentido culpa por desear una vida mejor, tu dolor por la situación económica de familiares o amigos. No te dejes nada. Una vez que termines, pídele a la energía de la abundancia que te ayude a liberar esas emociones y que transmute todo en amor. Déjalo ir y da gracias a la vida por enseñarte el camino a la expansión. Si lo deseas, puedes quemar el papel o hacer un pequeño ritual de agradecimiento y enterrarlo en la tierra, dando las gracias a la Madre por transmutarlo.

DÍA 29

TU OPINIÓN DE MÍ
NO ME DEFINE

Hoy trabajarás la creencia de que debes esconder tu abundancia material, tus bendiciones o tus logros por miedo a los comentarios, a la envidia o porque crees que otros pueden sentirse mal por tus bendiciones.

Esta creencia es una de las que está presente en la consciencia colectiva, que, aunque sientas que no se aplica a ti directamente en este momento, es necesario que la limpies de tu campo para poder liberar la energía de la abundancia. A veces hay sistemas de creencias que en este momento sientes que no van contigo, pero que, cuando tu realidad se vuelva más expansiva, tal vez salgan a la superficie. El trabajo que estás haciendo aquí te preparará para ser un canal limpio y evitar que esos sistemas de creencias salgan a la superficie cuando tu nivel de abundancia sea mayor.

Sentirte culpable por mostrar tu abundancia, tener que ser humilde o el miedo a los comentarios de otros forma parte del patrón de la separación y la culpa implantado en la sociedad. Se trata de un patrón falso de la energía de la abundancia y de una distorsión de cómo funciona la creación de la realidad.

Para limpiar esta creencia regresarás al principio básico de todo este trabajo: tú eres la abundancia de la Madre Tierra. Tu sola presencia en este mundo basta para activar a otros y aportar más belleza y luz al planeta. Cuando estás conectada con esta verdad eres naturalmente la energía de la abundancia. No tienes la necesidad de demostrar o de convencer a otros de que tienes abundancia económica o de cualquier otro tipo para buscar aceptación o posicionarte socialmente. No hay necesidad de buscar aprobación externa cuando sabes quién eres. Es desde este espacio de confianza en ti misma desde donde puedes compartir tu vida e inspirar a otros manteniéndote independiente por completo de la respuesta o la opinión de otros sobre lo que compartes.

Cuando tienes miedo de brillar, cuando sientes que debes esconder tu abundancia o cuando sientes culpa por lo que la vida te entrega, estás distanciada de tu verdad y vibrando en la escasez. Cuando te aceptas profundamente no necesitas la aprobación de otros sobre tu vida. Te das cuenta de que puedes compartir de manera genuina desde el corazón sin el miedo o la duda por lo que la otra persona está pensando de ti porque tú te aceptas a ti misma. Por ejemplo, puedes compartir tu vida en redes sociales e inspirar a muchas personas a vivir en abundancia sabiendo que tu conexión con la abundancia no depende de la respuesta a tu publicación.

Recuerda que uno de los principios básicos de la creación de la realidad es que un sistema de creencias solamente resuena en ti si tú también lo sostienes de manera consciente o inconsciente en tu campo. El miedo a ser tú misma y compartir con el mundo tu abundancia es un reflejo de la falta de aceptación propia y la creencia de que no eres merecedora de la abundancia que ya habita en ti. No tienes que buscar en otros las respuestas que deseas, todo lo que estás buscando ya está dentro de ti. El mundo externo es un reflejo de tu mundo interno. Cuando estás segura de quién eres, naturalmente serás la expresión de la abundancia en el mundo. No tendrás que buscar aprobación, sentir culpa o esconder tu luz por ser la abundancia. Tu frecuencia naturalmente atraerá otra realidad a tu vida.

Sellarás el trabajo de hoy activando el mantra de la verdad en tu campo. Léelo en voz alta, sintiendo su frecuencia y activando todas las palabras en ti:

VERDAD

Tu opinión de mí no me define.
Yo me defino a mí misma.
Yo sostengo mi propia verdad.

TAREAS DE HOY:

- Cuando te visualizas conectada con la abundancia infinita, ¿qué creencias limitantes salen a la superficie?
- ¿Te da miedo brillar en abundancia? ¿Escondes tu luz por culpa, miedo o incomodidad?

GRACIAS, VIDA, POR LO QUE ESTÁ POR VENIR

Hoy integrarás toda la información y los códigos que has recibido en tu campo atrayendo la emoción de gratitud durante el día a tu corazón. La gratitud te recuerda que estás llena de bendiciones y que ya tienes todo lo que necesitas para disfrutar de una vida increíble.

Reconocer las cosas pequeñas en tu vida te ayuda a conectarte con el amor divino presente en todo. El mero hecho de saber que estás viva y leyendo esto ya es una gran bendición. Tienes mucho que celebrar hoy, tu vida entera es un gran milagro.

No olvides agradecer lo que aún no está aquí en el plano físico. Estas cosas ya existen en otro plano de la realidad, por lo que te están sintiendo y escuchando energéticamente. Están listas para entrar en tu vida y desean compartir contigo. Agradece su presencia, incluso si no puedes verlas de manera física todavía. Algo que he aprendido en mi camino con la abundancia es que no son la energía mental y la visualización constante las que atraerán lo que yo deseo a mi vida. Lo importante es la gratitud que albergo en mi corazón por eso que deseo, sobre todo en los momentos en que lo veo lejos de mi realidad.

Finalmente, te recuerdo que debes continuar activando tu burbuja de la abundancia a lo largo del día. Es importante reconocer, sellar y proteger tu campo energético en todo momento.

TAREA DE HOY:

- Utiliza el espacio disponible en este libro para hacer un recuento de todas tus bendiciones. Agradece todo lo que está en tu vida en este momento, incluso los retos o las dificultades. Da las gracias por ellos y también por todos tus deseos y sueños.

LA OSCURIDAD ME DESVÍA DE MI PROPÓSITO

Hoy trabajarás uno de los retos más grandes de tu camino espiritual y de conexión con la abundancia, y son las cosas que te desvían o te desconectan de tu propósito de vida.

Definiremos lo que te desvía de tu propósito de vida como la oscuridad, que incluye todo lo que te hace olvidar, te desconecta, te distrae, te separa o te aleja de tu luz. Cuando te alejas de tu propósito de vida y de tu luz, estás separada de tu verdad. Esto naturalmente te desvía de la abundancia, ya que, por definición, la abundancia es tener todo lo que necesitas para cumplir tu propósito y ser plenamente tú misma.

La oscuridad se presenta a través de patrones distorsionados que pueden ser creencias o pensamientos negativos sobre ti misma. Por ejemplo, pensamientos repetitivos de autocrítica, autosabotaje, comparación con otros y distracciones excesivas de tu tiempo.

Cada persona tiene distintas distracciones y desvíos en su camino a la abundancia. Lo que para uno es la oscuridad, para otro quizá no lo sea. Además, la oscuridad puede ser algo pasajero o algo permanente que impacte en todas las áreas de tu vida. Por ejemplo, una relación tóxica, pasar horas en las redes sociales o asumir un comportamiento de víctima son para ti la oscuridad si te desvían de tu propósito de vida.

Una de las características de la oscuridad es que su frecuencia va a buscar una debilidad en tu campo energético para entrar. La oscuridad no accede a un campo energético sellado de luz. Cuando tú sabes quién eres, cuál es tu propósito y sellas tu campo energético, no hay espacio para distracciones o desconexiones de tu propósito. Si la oscuridad entra, es generalmente porque existe un sistema de creencias o un código energético distorsionado de la verdad divina que ha permitido que ocurriera.

Por ejemplo, una creencia de que no eres merecedora de la abundancia permite que entren situaciones en tu vida que reflejan esa creencia. Esto se ve reflejado, quizá, en una relación tóxica, un trabajo que no te gusta o te agota o una situación de deuda que te lleva a sentir una preocupación constante.

Muchas de las creencias que has trabajado en este programa son parte de la oscuridad porque son sistemas que están desviados de la verdad de tu ser y de la abundancia.

Este patrón se trabaja sellando y protegiendo tu campo energético. Cuando estás segura de tu verdad y alineada con tu propósito, no hay espacio para distracciones y para la oscuridad en tu campo energético.

Una de las mejores prácticas para proteger y sellar tu campo energético es la burbuja de la abundancia que has practicado en este programa. Actívala a diario y pídele que los seres de luz que te acompañan te ayuden limpiando tu campo de distracciones, negatividad o resistencias en tu camino. Mantén una actitud de neutralidad divina durante todo el proceso sin juzgar ni analizar lo que te pueda estar separando de tu luz. Simplemente pide que la energía separada de la luz se vea alineada de nuevo con el plan divino de tu alma.

TAREAS DE HOY:

- Reflexiona en qué áreas de tu campo sientes debilidad, drama, inseguridad o resistencia. ¿Cómo te desvían de tu corazón y propósito de vida?
- ¿En qué áreas sientes que penetra la oscuridad en tu vida? ¿Cómo afecta esto a tu conexión con la abundancia?

DÍA 32

TODAS LAS ALMAS
SON ABUNDANTES

La pregunta más común que me formulan las alumnas que han participado en los diferentes programas y talleres de abundancia y dinero de Mujer Holística es: «¿Cómo consigo que alguien cambie su opinión sobre la abundancia y el dinero?». Esa otra persona generalmente es importante en la vida de la alumna, quien valora sus opiniones. Puede ser, por ejemplo, una pareja, un socio, el padre o la madre.

Hoy trabajarás tu deseo de influenciar o cambiar las opiniones de otros sobre la abundancia.

El camino de conexión con la abundancia es maravilloso y te abre a nuevas perspectivas increíbles del mundo. Cuando algo impacta positivamente en tu vida es normal que quieras compartirlo con las personas a las que amas. Tu deseo de mejorar las vidas de otros a tu alrededor es bellísimo y refleja un gran corazón. Pero recuerda que todo en este mundo es un flujo equitativo de energía y que cada alma escogió las lecciones que aprender en la vida. Hoy trabajarás en discernir y entender cuándo tu opinión, tu sistema de creencias o tus enseñanzas son bienvenidas y cuándo debes practicar la divinidad neutral en la aceptación del camino de otro.

La regla sagrada en la transacción energética de la abundancia es que no estás aquí para cambiar, imponer o entregar algo que no te han solicitado. Cuando utilizas tu energía para intentar imponer, convencer o demostrar a otros que tu punto de vista es el correcto, estás introduciendo tu energía en un espacio por la fuerza y desviándote de tu propósito. No puedes cambiar el código de la abundancia de otra persona sin su consentimiento. Incluso a veces quizá creas que estás cambiando algo al forzarlo cuando, en realidad, te estás desgastando a ti misma y bloqueando aún más la situación. Cuida tu energía, porque es sagrada y la necesitas para tus creaciones en el mundo.

Algunas preguntas que puedes hacerte para detectar si estás imponiendo tu energía o tu sistema de creencias a otro:

- ¿Me han pedido verbalmente mis consejos o mis conocimientos sobre este tema?
- ¿Tengo permiso de mi Ser Superior y también de la persona que tengo delante para compartir esta información?
- ¿De qué parte de mí viene la necesidad de compartir esta información?
- ¿Estoy intentando manipular una situación en beneficio propio al compartir mi sistema de creencias?
- ¿Me frustro, me enojo o me resisto al sistema de creencias de otros? Cuando comparto mi conocimiento, ¿lo hago desde esta frecuencia?

Obsérvate a ti misma con atención. En la frecuencia y las emociones con las que estás abordando esta situación podrás detectar si estás imponiendo tu energía a otro. Si experimentas rabia, frustración o sientes una lucha de poder, estás entregando tu energía. Si te encuentras ante una situación en la que no te han pedido tu opinión y la otra persona no está abierta a esta información, también estás entregando tu energía.

Cuando compartes los códigos de la abundancia que has aprendido es importante que lo hagas desde un espacio de neutralidad divina, amor y compasión, entendiendo que no puedes cambiar el punto de vista de otro y no puedes interferir con sus lecciones de vida.

Observa también si tienes el deseo consciente o inconsciente de rescatar a otro de su situación económica. Presta atención a lo que estás sintiendo y a los sistemas de creencias que estás sosteniendo; por ejemplo, ¿sientes lástima, culpa o frustración frente a su situación? Cuando las intenciones de tus deseos vienen de la escasez estás creando un bloqueo de la energía de la abundancia y no estás honrando ni respetando el proceso de la otra persona.

Tú estás aquí leyendo estas palabras y mejorando tu relación con la abundancia porque eres un ser de luz completo que tiene todas las oportunidades del mundo a su alcance. Si después de hacer este trabajo tu situación económica y de abundancia se multiplican exponencialmente es porque ha sido tu trabajo y deseo que así fuera. Tú tienes disponibles para ti todas las oportunidades, los recursos y la energía para crear lo que deseas en el mundo, es tu derecho divino.

Es también el derecho divino de todas las almas del planeta explorar su propio camino con la abundancia.

Cuando crees que otra persona no es capaz de salir de su situación económica, de cambiar su relación con la abundancia o de subir de nivel de consciencia, estás ignorando su derecho divino de expansión y crecimiento. El querer rescatar a otro implica que crees que esa persona no puede salir de su situación. Esto es una trampa del ego, porque si tú pudiste cambiar tu sistema de creencias, otra persona también puede. El vivir una vida extraordinaria no es un privilegio especial para unos pocos. Todos los seres humanos son capaces de perseguir la expansión y tienen derecho a buscar la ayuda que consideren necesaria para la evolución de su consciencia. La vida sigue las leyes naturales y cada persona está explorando las lecciones que su alma pactó para ella.

Tu trabajo consiste en mantenerte siempre en la neutralidad divina y compartir tu conocimiento cuando este es solicitado, con amor y compasión, reconociendo el alma pura y la luz en la persona que tienes delante. Sin disminuir tu luz o apagar la de otra persona. Entregando energía de manera equitativa y desde el corazón. Aceptando con amor las lecciones que cada alma ha venido a aprender.

La afirmación de hoy es:

TODAS LAS ALMAS DEL PLANETA
SON LA ABUNDANCIA INFINITA.

Repite esta afirmación varias veces al día en voz alta y reconoce la abundancia en cada persona que se cruza en tu camino.

TAREA DE HOY:

- ¿Has sentido la necesidad de cambiar o de influenciar la visión de la abundancia de otros? ¿Cómo podrías continuar sosteniendo tu frecuencia e inspirar a otros respetando también su camino?

....

....

....

....

....

....

....

....

....

....

....

....

....

....

DÍA 33

EL UNIVERSO NO IMPONE, EL UNIVERSO FLUYE

Ayer trabajaste en reconocer si estabas intentando forzar o cambiar la opinión de otros sobre la abundancia y cuándo tu opinión es solicitada o no. Hoy profundizaremos en el trabajo de ayer y explorarás la necesidad de estar en lo correcto al compartir tu punto de vista sobre la abundancia.

La información que yo te proporciono en este libro y en los programas de Mujer Holística es un recordatorio de algo que tu alma ya sabe y de la sabiduría que llevas en tu interior. Cuando esta información entra en tu campo, hay un reconocimiento natural de la información y una sensación de que lo que escuchas es la verdad absoluta. Luego, al integrar esta información, quizá te des cuenta de que tu vida mejora, lo cual refuerza el reconocimiento de esa verdad. Esto te puede llevar a creer que tu visión del mundo o tu opinión sobre la abundancia es la perspectiva correcta y la verdad universal.

PERO HAY TANTAS REALIDADES Y VERDADES
COMO SERES HUMANOS EN LA TIERRA.
LA ÚNICA VERDAD QUE EXISTE ES LA VERDAD
DIVINA, Y ESTA VA MÁS ALLÁ DE LOS
SISTEMAS DE CREENCIAS, PENSAMIENTOS
Y OPINIONES QUE LOS HUMANOS
SOSTIENEN SOBRE EL MUNDO.

Anteriormente has explorado el código del sufrimiento y aprendiste que el sufrimiento viene del apego a las historias mentales. También has trabajado en la idea de que las historias de tu mente y tu sistema de creencias no son la verdad de quién eres, sino que son una interpretación de las frecuencias que te rodean. Finalmente, sabes que la energía de la abundancia siempre tiene que mantenerse en movimiento y no puedes aferrarte a ella, controlarla o manipularla. Estas son las bases y el principio del trabajo que haces para limpiar los sistemas de creencias que impiden el flujo de la abundancia y te ayudarán a entender cómo la necesidad de estar en lo correcto proviene de la carencia.

LA NECESIDAD SIEMPRE PROVIENE DE LA CARENCIA

Para vivir en abundancia no necesitas que otros conozcan tu punto de vista o miren el mundo como tú deseas. Compartir tu punto de vista no es lo mismo que imponerlo. Ser reconocida o tener la razón no es una necesidad básica de supervivencia y de ninguna forma está relacionado con tu capacidad de manifestar más abundancia en tu vida. Todo lo contrario, cuando estás buscando convencer o imponer tu punto de vista, estás bloqueando el flujo energético y el intercambio libre de energía entre tú y la otra persona. Esto te lleva a la carencia, porque lo que limitas de manera externa se limita en tu campo energéticamente también.

> LA MADRE NATURALEZA NOS SOSTIENE
> A TODOS EN SU MANTO DE AMOR
> INCONDICIONAL SIN IMPORTAR EL SISTEMA
> DE CREENCIAS QUE CADA UNO TENGA
> SOBRE EL MUNDO.

La Madre Naturaleza es abundante y sostiene a todas las almas del planeta con su experiencia única, independientemente de los pensamientos que se les pasen por la cabeza o el sistema de creencias que abriguen. La Madre Naturaleza no defiende la visión del mundo de una persona como la verdad absoluta, esto iría en contra de los principios de la creación de la realidad. La soberanía permite que todas las almas abriguen su propio sistema de creencias y creen una vida basada en ello.

Cuando tú sabes quién eres y reconoces la abundancia infinita en ti, puedes aceptar que todos los seres humanos tienen distintos sistemas de creencias y que cada uno es correcto en el universo de todas las posibilidades. La historia que les estás contando a otros sobre la abundancia es tu interpretación del mundo y la perspectiva de la vida de ellos. El intentar convencer a otra persona de tu punto de vista es un deseo de convencerte a ti misma de un sistema de creencias falso, ya que te estás aferrando a algo que no es la verdad de tu ser.

Entras en el patrón de querer convencer a otros de tu verdad cuando sientes:

- Miedo a perder tu posición o tu reconocimiento. Por ejemplo, como experta en un tema.
- Desconfianza en el orden divino de las cosas. Por ejemplo, si tienes miedo de vivir en un mundo con el sistema de creencias de la otra persona. En este caso confía en la vida y regresa a tu corazón. El mundo externo es un reflejo de tu mundo interno, no lo vas a cambiar forzando, controlando o convenciendo a otros. Transformas tu mundo transformándote a ti misma.
- La necesidad de ser reconocida o de buscar la aprobación de otros para pertenecer. Observa si tu opinión del mundo es popular dentro de tu grupo de pertenencia y tienes la necesidad de demostrar que perteneces a él al sostener ese sistema de creencias.

El patrón de tener la razón o de convencer a otros se disuelve cuando te conectas con la abundancia en tu interior. No debes tener la razón ni convencer a otros para que la abundancia fluya en tu vida. La abundancia siempre está contigo. La conexión con ella es una certeza absoluta de que eres ella también. Tu presencia en el mundo es asimismo la abundancia y esta no necesita demostrar nada al mundo. Si quieres recibir nuevos códigos, más abundancia y una nueva perspectiva del mundo, entonces ábrete a recibir distintos puntos de vista y permite que la energía fluya. Reconoce que mereces tener una experiencia plena en el mundo al igual que todas las demás personas. La Madre Naturaleza está sustentando tus sueños, anhelos y vida con amor incondicional. Continúa explorando tu propio mundo y creando tu realidad, el mundo externo responderá a ello.

La afirmación de hoy es:

EL UNIVERSO NO IMPONE,
EL UNIVERSO FLUYE.

Repite esta afirmación varias veces al día, en voz alta, mientras conectas con la fluidez y te abres a nuevos puntos de vista y sistemas de creencias. Busca la neutralidad divina y practica observar a otras personas con amor y compasión, respetando su experiencia de vida como única también. La vida nos sostiene a todos bajo un manto de amor y la creación siempre es perfecta.

TAREA DE HOY:

- Cada vez que sientas la necesidad de defender tu punto de vista o de demostrar que estás en lo correcto, pregúntate: ¿por qué tengo la necesidad de estar en lo correcto? ¿De dónde viene? ¿Siento que viene de la escasez, del miedo a perder algo o de la necesidad de aprobación?

SOY UN IMÁN PARA LA ABUNDANCIA

Hoy te sumergirás en la energía del placer y del autocuidado. La energía de creación que mueve el mundo y los ciclos de la naturaleza siempre están impulsando tu vida y ayudándote a seguir creciendo y expandiéndote. Cuanto más te abras a que ella fluya a través de ti sin resistirte a ella, más abundancia recibirás. La energía del placer te recuerda que la vida no tiene que ser una experiencia difícil y que existe la belleza, incluso en el dolor. El autocuidado te recuerda cómo ser Madre de ti misma y te pide que cuides con amor de ti misma durante los procesos de cambio y transformación. Siempre ten presente que:

Eres la Madre Naturaleza.
La Madre de ti misma.
La que sostiene tus propios sueños.
La que da vida a sus creaciones en el mundo.

Eres fuerte y delicada.
Eres la guerrera y la amante.
Eres la reina y la niña.
Eres el amor incondicional que te sostiene a diario.

¿QUÉ NECESITAS EN ESTE MOMENTO PARA CUIDAR DE TI MISMA?

En este programa, todos tus sistemas de creencias y percepciones del mundo están siendo cuestionados. Estás abriéndote a un nivel de expansión que va más allá de la mente y de los condicionamientos sociales. Estás abriendo tus alas y reconociéndote como la fuente de abundancia más grande que existe. Te estás reconociendo como la misma Madre en forma y la divinidad misma. Este es un proceso de crecimiento y transformación expansivo, y a veces doloroso, que requiere que te entregues amor incondicional a ti misma, igual que la Madre lo hace a diario.

Algunas cosas que puedes hacer para cuidar de ti misma son:

- Tomar un baño con sales de baño y pétalos de rosas.
- Regalarte flores, un jabón especial, una crema o algo que te haga sentir bien.
- Contemplar la naturaleza, un atardecer o abrazar un árbol.
- Encender una vela y contemplarla en silencio.
- Sacar tiempo para ti misma y hacer actividades que disfrutes.
- Pasar tiempo con las personas a las que amas.
- Comer alimentos nutritivos.

- Ser compasiva y amorosa contigo misma.
- Hablarte con amor y traer a tu mente pensamientos positivos sobre ti misma.

En todo proceso de transformación es importante tener momentos de autocuidado y de conexión contigo misma. Es normal que sientas que quizá deseas pasar más tiempo a solas o que estás más sensible de lo normal. Tal vez sientas que quieres abrazarte con amor y dedicarte a actividades que te hagan encontrarte bien. Lo importante en este momento es reconocer tus necesidades y entregarte lo que necesites para poder crecer y fortalecerte.

LA CANTIDAD DE ABUNDANCIA QUE RECIBES EN TU VIDA ESTÁ DIRECTAMENTE RELACIONADA CON LA CANTIDAD DE PLACER QUE TE PERMITES RECIBIR.

La energía del placer está aquí para recordarte que el crecimiento es normal y que puedes disfrutar de lo que estás viviendo, incluyendo los momentos de dificultad. El placer es el reconocimiento de la experiencia humana en todas sus formas. Su energía está presente en todo el proceso de expansión, recordándote que todo lo que estás viviendo te está llevando a un crecimiento mayor y a una unión más profunda con la divinidad. Busca el placer en todas las experiencias que estés teniendo e intenta no juzgarlas como buenas o malas, solo permítete sentirlas todas sin más. El placer te ayudará a fluir mejor y a abrirte aún más a la transformación que estás viviendo, y esto hará tu vida magnética a la abundancia.

PASOS PARA SER MAGNÉTICA
A LA ENERGÍA DE LA ABUNDANCIA

El magnetismo es una frecuencia que sintonizas cuando permites que el placer, la confianza y la rendición entren en tu vida. Las cosas que deseas naturalmente llegan a ti y vives la vida con más fluidez, incluso en los momentos de crecimiento o de dificultad. Te abres a que la creación se exprese a través de ti y pueda apoyarte en lo que deseas crear en tu vida.

1. **Conecta con tu cuerpo físico y con tu sabiduría interna.**

Tu cuerpo físico tiene una sabiduría innata que te está transmitiendo información en todo momento. Él te indica si una sensación es buena o no, si estás en expansión o en contracción. Cuando cuidas de él, estás entregándote amor a ti misma y siendo la Madre del templo que se te entregó para caminar en esta vida.

Explora a fondo tu cuerpo físico mientras reconoces lo que tus cinco sentidos te están expresando en este momento. Identifica la limitación que tienes por la experiencia humana. Por ejemplo, tu energía está contenida dentro de un cuerpo que está limitado a la gravedad, al tiempo y al espacio. Luego explora en mayor profundidad y observa cómo puedes sentir la energía más allá del cuerpo físico y los cinco sentidos. ¿Qué amplitud tiene tu campo áurico? ¿Estás recibiendo señales de tu entorno por otros medios que van más allá de tus sentidos, por ejemplo, de tu intuición?

Ahora explora de nuevo tus cinco sentidos con una nueva perspectiva de ellos. ¿Qué sensación te produce la comida en la boca? ¿Qué olores percibes a tu alrededor? ¿Cómo responden tus sentidos a un atardecer? ¿Cómo te hacen sentir las texturas de la ropa?

Comienza a explorar la experiencia humana y cómo trascender sus limitaciones físicas. El explorar ambos, el plano físico y el energético, te posibilitará reconocer con más amor y gratitud cada momento que estás viviendo. Esto te permite salir de la mente y regresar al momento presente con mayor facilidad.

2. Confía en la divinidad.

Hay un plan más grande que tú misma que te está protegiendo y guiando en todo momento. Eres profundamente amada por la divinidad y todo lo que estás viviendo está aquí por una razón. El propósito de tu vida es ser tú misma y descubrirte en el proceso. Todo está ocurriendo para que puedas vivir ese propósito. Cuanto más te abras a tu propósito de vida y lo exploras a profundidad, más abundancia recibirás. Confía en que todo lo que vives te está llevando a un lugar mejor.

3. Ríndete a la transformación.

La rendición es el siguiente paso para conectarte con el placer infinito. La rendición te recuerda que no puedes controlar la naturaleza divina. Tu mente nunca ha tenido el control de tu vida y hay algo más grande por vivir. Con cada transformación que experimentas puedes acceder a niveles más profundos de rendición y expansión. Honra los ciclos divinos y continúa buscando la expansión.

Estos pasos te ayudarán a que las cosas que necesites lleguen a ti naturalmente. No tienes que esforzarte, luchar o controlar para recibir abundancia y apoyo. Todo lo contrario, solo tienes que permitir que la vida ocurra a través de ti.

TAREAS DE HOY:

- ¿Qué necesitas hacer en este momento para cuidar más de ti misma?
- ¿Cómo puedes atraer más amor incondicional a tu vida?

DÍA 35

OBSERVO MI REALIDAD CON AMOR

El trabajo energético que estás haciendo en este programa lo verás reflejado en la manera en la que percibes y respondes a tu mundo. Como has leído hasta ahora, la abundancia infinita no es un concepto que tu mente pueda comprender con facilidad. La mente humana está diseñada para vivir en la dualidad, es la manera en la que entiende la experiencia humana que estás teniendo y está diseñada para ayudarte a navegar el mundo físico.

La abundancia infinita es algo que sientes en el corazón y una energía pura que sostienes en tu campo energético. El trabajo que estás haciendo aquí te ayuda a sostener esa frecuencia energética sin distorsiones para que tu transmisión al mundo sea limpia. Las enseñanzas de la abundancia infinita y los pasos de acción para conectar con ella no están diseñados para tu mente. No los estás activando a través de listas escritas o rituales diarios ideados para que la mente tenga una tarea diaria. La información que estás recibiendo está creando códigos y patrones energéticos nuevos en tu campo que cambiarán tu perspectiva del mundo y la manera en la que respondes a él.

Al activar estos códigos, comenzarás a ver tu realidad de manera distinta. Te darás cuenta de los patrones y sistemas de creencias limitantes que abrigas, descubrirás con mayor facilidad las creencias colectivas y te darás cuenta de tu potencial infinito. Te convertirás en la observadora de tu experiencia humana con interés, mirando cómo todas las fichas y las líneas del tiempo se acomodan para entregarte las lecciones que tienes que aprender. Te das cuenta de que el universo no se equivoca y de que el tiempo es el testigo de su orden mágico. Incluso cuando crees que la realidad a tu alrededor se está equivocando, no es así. Cada desvío, señal, lágrima y frustración están aquí para enseñarte lo que no es, para ti, vivir. Con el tiempo de tu lado, podrás mirar hacia atrás y sentir una profunda gratitud por lo protegida y amada que estuviste en todo el camino.

El vivir siendo la observadora de tu experiencia requiere de mucha práctica, tener consciencia de los pensamientos y una conexión profunda con tu corazón. La abundancia llega a ti por quién eres, no por lo que estás pensando. La coherencia entre lo que sientes, lo que dices y lo que haces es importante. Es desde este espacio desde donde puedes vivir, entender y ver los códigos de la abundancia de la naturaleza.

Para llevarlo todo a la práctica es necesario ir de la mente al corazón. La frecuencia de tu corazón es la frecuencia del universo y es la clave para la nueva realidad que estás creando. En la nueva realidad solamente se ve manifestado lo que viene del corazón.

BUSCA LA NEUTRALIDAD DIVINA

La neutralidad divina es una de las mejores formas de asegurarte que estás actuando desde tu corazón. En la neutralidad divina estás conectada con el amor y la compasión mientras observas el mundo con interés. Puedes observar la dualidad delante de ti y, desde tu corazón, conectar con la frecuencia del amor para entender lo que sucede desde un espacio de sabiduría divina. Esto te permitirá extender abundancia hacia todos los proyectos y los sueños que estás manifestando al mundo, llenándolos de tus bendiciones. La frecuencia del amor y la abundancia impregnarán y transformarán todo tu mundo externo.

Recuerda que la Madre Naturaleza sostiene toda la creación con amor y compasión. Ella permite que la energía de creación divina entre y fluya en los tiempos divinos y respeta todo lo que está ocurriendo. Su manto de amor infinito no juzga ni manipula la creación. Ella permite que cada alma y toda la realidad manifestada sean la máxima expresión de quién es. Esa eres tú también. Cuando estás conectada con esa frecuencia y anclada en la verdad de quién eres, eres capaz de entender tu mundo desde una visión de mayor sabiduría y un entendimiento profundo de que la creación no se equivoca. Recuerda que la creación siempre es perfecta.

TAREAS DE HOY:

- ¿Cómo has visto la información que has recibido en este programa reflejada en tu realidad? ¿Has notado que percibes tu mundo de manera distinta?
- ¿Cómo podrías conectar con un espacio de neutralidad divina frente a las situaciones de tu vida?

DÍA 36

DESCARGA DE LOS CÓDIGOS SAGRADOS DE MI SER SUPERIOR

Tu Ser Superior sostiene las respuestas a todas las preguntas que tienes en este momento sobre cómo puedes materializar y ver la abundancia física en tu vida.

La sabiduría divina es el gran misterio olvidado. La sabiduría divina es ese conocimiento innato de cómo funciona la creación de la realidad, tu poder personal y tu soberanía. Cuando estás conectada con ella entiendes los ciclos naturales de la Tierra, el concepto de tiempo y espacio y la conexión con tu intuición y las energías a tu alrededor. La sabiduría divina encierra todas las claves para el mundo que quieres ver materializado.

Tu Ser Superior sostiene la sabiduría del Universo y los códigos sagrados únicos que tu alma vino a expresar sobre este mundo. Para poder descargar estos códigos debes abrirte a recibirlos y solicitar que entren en tu campo. Puedes solicitarlo en voz alta en cualquier momento pidiendo que tu Ser Superior comparta contigo los códigos, la información y las frecuencias que tiene disponibles para ti en este momento.

Hay muchas formas de recibir la sabiduría de tu Ser Superior. Estos códigos no necesariamente los entenderás con tu mente y, quizá, incluso no sientas nada después de solicitar la descarga. Puedes recibir señales a través de las palabras de otras personas, tener una sensación en tu cuerpo físico, ver imágenes o símbolos a tu alrededor o sencillamente saber algo del mundo que antes no sabías. Las descargas de los códigos sagrados se activan con tu voz, tus emociones y tus actos, ya que estos códigos son un recordatorio de tu sabiduría divina. El conocimiento ya lo tienes dentro de ti, los códigos simplemente lo activan en tu campo energético para que puedas vivir desde ellos y ver el mundo desde otra perspectiva. Ellos se activan en tu campo energético y de forma automática cambian la manera en la que ves y respondes a tu mundo. Por ejemplo, puede que después de escuchar la sabiduría de tu Ser Superior decidas hacer algo distinto en tu trabajo. Y no me refiero únicamente a renunciar, puede ser una oportunidad para cambiar la manera en la que venías ejerciendo tus labores o cómo te relacionas con tus colegas. No tienes una explicación lógica de por qué ahora las cosas van a cambiar, pero lo hacen. También puede que mires el dinero o la abundancia desde otra perspectiva. No entiendes de dónde ha venido el cambio, pero ya no ves las cosas del mismo modo. Recuerda que tu campo energético está cambiando constantemente, por lo que es posible que vibres en una frecuencia nueva en este mismo instante y seas una persona distinta cuando termines de leer estas palabras.

REGALOS DE ABUNDANCIA

Descarga los códigos sagrados de tu Ser Superior.

Esta activación que comparto contigo a continuación te ayudará a descargar los códigos sagrados y la sabiduría de tu Ser Superior. Antes de llevarla a cabo te recomiendo que actives tu burbuja de la abundancia para sellar y proteger tu espacio. Luego lee la activación en voz alta. Finaliza dando las gracias a tus guías, a tu Ser Superior y a la Madre Naturaleza por la información recibida.

Solicito a mi Ser Superior una descarga de los códigos de la más alta frecuencia disponibles para mí en este momento.

Los activo.
En mi ADN.
En mis células.
En mis órganos.
En mi cuerpo físico.
En mi campo energético.

Reconozco mi libertad.
Soy libre de escoger la realidad que quiero experimentar.
Libre de escoger mi relación con el tiempo.
Con el espacio.
Con otros seres humanos.
Con la Madre Tierra.
Conmigo misma.

Activo mi poder de creación.
Activo la conexión con mi intuición.

Pido que se me revele lo que necesito en este momento.
Que se active la sabiduría de mi Ser Superior y que yo viva
desde un espacio de conexión divina.
Que pueda ver más allá de la ilusión.
Conectada.

Con mi corazón.
Con el cielo.
Con la Tierra.
Con la Madre.
Con el sol.

Recibo todos los códigos divinos de mi Ser Superior disponibles
para mí en este momento.
Hecho está, hecho está, hecho está.

Para finalizar, descarga el audio de la burbuja de la abundancia a través del código QR que comparto contigo aquí:

Recuerda que la sabiduría de tu Ser Superior está disponible para ti en todo momento. Para acceder a ella solamente tienes que entrar en el silencio de tu corazón y pedirlo. Ábrete a recibir y confía en la información y en los códigos que recibes.

TAREAS DE HOY:

- ¿Qué preguntas tienes para tu Ser Superior?
- ¿Has recibido alguna respuesta o información especial después de realizar la activación de conexión con tu Ser Superior? Describe todo lo que has sentido o recibido mientras la leías en voz alta.

DÍA 37

LIBERO MI
INTUICIÓN

Tu intuición te está llamando.
¿La escuchas?

Te quiere contar una historia de magia y posibilidades.
Quiere compartir todos los bonitos deseos que tiene para ti.
Te está susurrando al oído en este momento.

Es mágica.
Tiene la habilidad de hacer posible lo imposible.
Su presencia trae a tu vida los códigos de las posibilidades,
la creatividad y la belleza.

Ella no conoce el tiempo.
Te habla desde el futuro.
La escuchas en el presente.

Ella no conoce el espacio.
Está donde tú deseas llegar.
Te cuenta lo que ve en tu camino.

Ella sostiene la sabiduría divina y de tu Ser Superior.
Sus códigos son milenarios y sagrados.
¿La escuchas?

La intuición sostiene el conocimiento que va más allá del tiempo y el espacio. Ella es esa guía que te enseña el camino y también te dice cuándo te estás desviando de tu propósito de vida. Su información va más allá de lo que la mente puede comprender. Su trabajo es enseñarte las posibilidades y la magia en tu vida.

TU INTUICIÓN DESEA SER LIBRE

Los paradigmas de la mente la tienen atrapada y la están debilitando. Ella entiende que la mente está intentando protegerte y nunca va a dejarte. Ella te ama incondicionalmente y está aquí para ayudarte en tu camino. Cuanto más la escuchas, más fuerte se vuelve su frecuencia y más se expande su energía. Cuando observas tus pensamientos y cuestionas tus creencias, abres espacio para que ella también pueda compartir su conocimiento contigo.

Tu intuición te habla a través de tu corazón. Es libre cuando te sales de la mente y entras en el corazón. Las energías divinas siempre van a vibrar con la frecuencia de la creación.

Una manera sencilla de conectarte con tu intuición es llevándote las manos al corazón y respirando hondo varias veces, sintiendo la expansión y la paz que penetran con cada respiración. Luego, manteniendo la mano sobre el corazón, preguntas lo que deseas a tu intuición. Por ejemplo, ¿qué dice mi intuición sobre mi deseo de cambiar de trabajo? Mantente respirando hondo y escuchando los mensajes de tu corazón. Intenta no acceder a la mente. Puedes hacer este ejercicio después de activar tu burbuja de la abundancia y te ayudará a estar más conectada con tu campo energético y a recibir señales más claras de parte de tu intuición.

TAREA DE HOY:

- ¿Escuchas a tu intuición? ¿Cómo puedes fortalecer tu relación con ella?

DÍA 38

EL PASADO NO ME DEFINE, ES SEGURO DEJARLO IR

Uno de los grandes obstáculos en el camino a la abundancia infinita es el hecho de estar mirando constantemente hacia el futuro sin paciencia, deseando apresurar los resultados e incluso exigiendo mucho de ti misma para llegar allí. El tiempo es sagrado y hay una razón por la cual las cosas ocurren de la manera en la que suceden. Cada atraso, desvío y obstáculo en tu camino a la abundancia te han traído aquí. Honra y reconoce el camino que has recorrido.

Para mí, una de las lecciones más difíciles en mi camino de la abundancia ha sido la de no ser tan exigente conmigo misma y precipitarme a la hora de tomar decisiones. La paciencia ha sido una de mis grandes maestras y ahora sé que esos momentos de espera o de transición eran necesarios para que mi camino se revelara. Las cosas que quizá antes deseaba con todo mi corazón ahora me doy cuenta de que no eran para mí y agradezco cada desvío, señal y desilusión. El tiempo siempre me ha hecho reconocer que la sabiduría divina me protege y que había un camino mejor.

El tiempo y la paciencia permiten que las cosas se manifiesten en el tiempo divino. En el plano físico debes romper bloqueos, limitaciones y cerrar ciclos energéticos. Además, tienes que completar los ciclos sagrados de la vida y la muerte en todas las áreas de tu vida. Recuerda que el plano físico tarda más en ajustarse que el plano energético. Necesitas del tiempo y la paciencia para que la realidad se revele ante ti.

Además, estás viviendo un proceso amplio de crecimiento. Sin darte cuenta, estás limpiando patrones de generaciones pasadas, futuras y dolores que has cargado quizá durante mucho tiempo. Tu mente racional no va a entender todo esto, tampoco intentes interpretar lo que está sucediendo. Solo permite que las emociones fluyan y la energía siga en movimiento. Llama a la energía de la paciencia y la compasión, ambas te ayudarán a recordar la importancia del momento presente y de buscar la verdad divina detrás de la experiencia que estás teniendo.

Sé compasiva contigo misma y evita la frecuencia de la densidad, la violencia, el miedo y la escasez en el proceso de sanar. Sostén tu frecuencia. Las piezas del rompecabezas se están organizando según el orden divino y tu alma está aprendiendo las lecciones que vino a aprender. Nada está ocurriendo en vano. El camino a la abundancia no sucede de un día para otro. Es una relación que se fortalece con cada momento de expansión. Se construye con el aprendizaje, con cada paso, decisión y momento de la vida.

MIRA HACIA ATRÁS HONRANDO TU CAMINO CON AMOR Y GRATITUD

Bendice todas las versiones de ti en el pasado. Todo lo que has vivido te ha traído hasta aquí. Y si tu realidad en este momento no es lo que desearías estar viviendo, igualmente envía amor y gratitud por lo vivido. Sin esas experiencias no sabrías lo que sí quieres para tu vida. Perdónate por todas las decisiones, actos y emociones que te han traído hasta aquí y por todo lo que crees que hiciste mal. En su momento creías que estabas tomando la decisión correcta. Honra a esa versión de ti misma que actuó de la manera en la que lo hizo.

Esta activación te ayudará a liberar patrones del pasado y a sanar heridas con las que aún cargas. Léela en voz alta poniendo la intención en que el pasado se corrija y en que puedas entrar en el presente con una energía limpia.

TOMO LAS LECCIONES DEL PASADO
Y CONTINÚO MI CAMINO CON GRATITUD,
AMOR Y DEVOCIÓN.

Entendiendo que soy la creadora de mi realidad y que sostengo mi poder de creación, me hago responsable de mi realidad sabiendo que todo ha sido creado por mí, para mí y a través de mí.

Una ilusión creada para mi mayor crecimiento.

Disuelvo cualquier relación, suceso o situación que no puede continuar conmigo con amor, gratitud, respeto y devoción.

Que todas las partes de mí puedan continuar este camino en aceptación de lo que ha sido, rodeada de amor y protección.

Doy las gracias a mi Ser Superior, a mis guías y a la Madre Tierra por el amor, el cariño y el apoyo que recibo a diario.

Hecho está, hecho está, hecho está.

La afirmación de hoy es:

EL PASADO NO ME DEFINE,
ES SEGURO DEJARLO IR.

Repítela en voz alta mientras traes amor y compasión por ti misma en todas tus versiones, incluyendo las del pasado.

TAREAS DE HOY:

- Reconoce y honra tu camino con la abundancia. ¿Qué ha cambiado en estos últimos años? ¿Cómo has crecido? ¿Qué logros te puedes reconocer a ti misma?
- ¿Qué situación o relación necesitas perdonar y dejar ir para abrirte a un futuro más expansivo y abundante?

ME ABRO AL
MISTERIO DE LA VIDA

Tu alma, al igual que el universo, siempre buscará la expansión y el crecimiento. Para poder cumplir con este propósito, los procesos de cambio, transformación y muerte son necesarios. La fuerza de la creación divina es la que mueve estos cambios y permite que la creación continúe expandiéndose.

Puedes visualizar que la energía de creación es como el viento. Ella está allí, en constante movimiento, y su fuerza impacta en toda la vida que la rodea. Es la fuerza que ayuda a los animales a crear vida, a las flores a florecer y a las hojas de un árbol a secarse y caer en otoño. Esta fuerza también afecta a los ciclos de tu vida y es mucho más grande que tu mente y tu cuerpo físico. Es la fuerza que mueve el universo entero.

Eres un vehículo para esta energía de creación en el mundo. Al igual que la Madre Naturaleza, tú también estás constantemente dándote vida a ti misma. A cada décima de segundo estás creando una nueva realidad externa y posicionándote en otro espacio y línea del tiempo de la realidad. Los cambios en tu vida sucederán independientemente de si lo deseas o no y de tu opinión al respecto.

La vida sería muy distinta si no permitieras que la energía de creación penetrara en tu vida. Imagínate si aún tuvieras las cosas del pasado vivas en tu realidad. Por ejemplo, si ya te graduaste de la escuela o de la universidad, ese ciclo se cerró y terminó. Si lo mantuvieras vivo, no podrías entrar a trabajar en una empresa o desarrollar una carrera. No puedes mantener vivas todas las etapas de la vida, al igual que tu cuerpo físico tampoco puede mantenerse como el de una niña para toda la vida. Los procesos de morir y de renacer son parte de la naturaleza y, sin darte cuenta, estás haciendo un duelo constantemente frente a los cambios. En el momento en el que un sistema de creencias ya no está en tu vida, o cuando dejas ir una versión de ti misma, llevas a cabo un duelo. Si dejas ir un trabajo o una relación, también haces un duelo interno. Toda la vida estamos dejando ir y cerrando heridas del pasado, incluso sin darnos cuenta. Cuando observas tu vida con atención puedes ir viendo cómo cada ciclo siempre tiene un cierre en tu campo energético y cada renacer una expansión.

Este proceso de expansión es bellísimo, pero también tiene su dificultad, en especial para la mente. Cuando te rindes ante esta energía y dejas ir el control, permites que ella te enseñe el camino y este es desconocido. Estás dejando ir las expectativas de lo que tu vida puede ser y abriéndote a algo completamente nuevo. Este es el gran misterio de la vida. Así como una oruga se convierte en mariposa, tú no sabes el resultado final de los cambios divinos que se producen en tu vida.

ES ASÍ COMO TE CONVIERTES EN EL GRAN MISTERIO LISTO PARA SER REVELADO.

Tú eres el gran misterio de la vida. No tienes que conocer el resultado de la expansión que estás viviendo, simplemente tienes que confiar en que es maravilloso y perfecto para la evolución de tu alma. Tu trabajo es rendirte y permitir que lo que tiene que morir muera, para así darle vida a lo nuevo. Cuanto más fluyas, menos resistencia crearás y más fluirá el proceso. Ábrete a lo desconocido y confía en la vida. La creación está trabajando a través de ti y sus creaciones siempre son perfectas. Eres la fuerza divina de la Madre Naturaleza en movimiento y en forma. Confía en que tu Ser Superior conoce el camino. Abre tu corazón y navega a una profundidad que jamás imaginaste posible. Vas a descubrir la gran vida que está aquí para ser vivida.

Cuando te sientas desconectada de la abundancia, frustrada o sin esperanza, pide ayuda divina. No pierdas la fe. Mantente abierta a la vida, incluso cuando sientas que estás atrapada en una situación. La fuerza para atravesar esos momentos difíciles y desconocidos procede de algo más grande que tú misma.

Todas las noches, antes de dormir, solicita a tus guías y a tu Ser Superior que corrijan todos los patrones que te distancian del amor y la abundancia. En los momentos difíciles, solicita ayuda divina y confía en que la divinidad te entregará ese milagro que tanto estás pidiendo.

Comparto contigo mi plegaria favorita para los momentos en los que me siento desconectada de la divinidad:

Muéstrame que estás aquí. Especialmente cuando no puedo verlo por mí misma. Recuérdame que estás presente en todo.

Esta plegaria siempre me ayuda a regresar al corazón y a sentir paz.

TAREA DE HOY:

- ¿Cómo sería soltar el control y permitir que la vida fluya a través de ti? ¿Qué crees que pasaría? ¿Crees que la creación desviaría el rumbo de tu vida?

GRACIAS, VIDA, POR TODAS MIS BENDICIONES

Felicidades, ¡has llegado al final de este programa! Gracias por hacer el trabajo de conectarte con la energía de la abundancia. En la consciencia colectiva ningún pensamiento, emoción o energía es en vano. Tu conexión con la abundancia impacta de manera positiva en el mundo en muchos niveles. Tu frecuencia ayuda a la Madre Naturaleza a ser más libre, florecer y continuar expandiendo su amor. Tu generosidad y tu abundancia activan a las personas que te rodean y traen de vuelta al mundo más de esto. Tu transformación impacta en el pasado, el futuro y el presente y en todas las generaciones de tu linaje.

Hoy quiero compartir contigo algunos consejos finales para que te conectes con la abundancia infinita:

1. Conecta con la versión de ti que quieres ser en el mundo.

En el mundo hay millones de versiones de ti. Cada persona que te conoce o que interactúa contigo tiene una versión de ti en su mente y cada una es real para él o ella. Tú estás recreándote segundo a segundo, descubriéndote a diario y cambiando quién eres. Eres un ser complejo y misterioso. Eres una expresión única de la consciencia divina con un canal abierto para muchas energías. Creer que te conoces, por la percepción que tienes de ti misma en este minuto, es reducir esta experiencia y su magia. Observa la frecuencia de los millones de versiones de ti que existen en el mundo y escoge la que está alineada con la realidad que deseas vivir. Pregúntales a las personas cercanas a ti qué es lo que más aman de ti y vive esas cualidades conscientemente. Obsérvate a diario en el espejo y describe lo hermosa que eres. Vive y cree la mejor versión de ti misma en existencia. Eres esa manifestación de la realidad. Las demás versiones, déjalas ir y envíales amor.

2. Todo es creado por ti, para ti y a través de ti.

Todo lo que ocurre en tu vida fue creado por tu alma para tu propio crecimiento. Todas las experiencias, relaciones, dificultades, retos, momentos de amor y alegría, todo ha sido creado con un solo propósito: acercarte a la verdad divina. La vida es un gran juego creado por ti para recordar lo que has olvidado. Los momentos de aprendizaje, las conexiones con personas a las que amas y todas las experiencias que tienes en esta vida son una oportunidad de experimentar el amor divino. La suma de todos los momentos de conexión divina y de gratitud constituye una vida de comunión con la divinidad.

3. La divinidad se encuentra en la belleza.

Encuentras a la divinidad en la belleza de la vida. Reconoce lo hermosa que es tu vida y todas tus bendiciones y allí hallarás a la divinidad. La creación está en todo, independientemente de la forma. Estás hecha de la misma materia que la montaña, el árbol, los pájaros, las nubes y el océano. Todo lo que ves a tu alrededor vino de la tierra y regresa a ella. La consciencia que eres es la misma que crea todo lo que te rodea. Todo es un fragmento de la consciencia divina creado en la ilusión. Abre los ojos a tu verdad divina y se revelará todo ante ti.

> *Vive conectada.*
> *Con tu corazón.*
> *Con el cielo.*
> *Con la Tierra.*
> *Con la Madre.*
> *Con el sol.*
> *Con tu intuición.*
> *Con tu sabiduría.*
> *Confía.*
> *Ríndete.*
> *Disfruta de esta experiencia.*
> *Tu vida está siendo revelada ante ti.*
> *Y es una creación perfecta.*

Permite que la vida te enseñe los milagros y regalos que tiene para ti.

Suelta el control, la necesidad de saber, las historias y las creencias que te limitan. Ábrete a que la vida tiene algo increíble para ti en este momento.

Mi frase favorita y que más define mi vida es:

GRACIAS, VIDA, POR ENSEÑARME LO QUE JAMÁS CREÍ QUE ERA POSIBLE QUE VIVIERA.

Tú eres el sueño soñándote. Permite que la vida te revele lo que tu mente no cree que sea posible que vivas. Incluso si sabes que sostienes un sistema de creencias que te limita, solicita apoyo a la energía de la abundancia para que te enseñe lo que puede llegar a ser tu vida. No tienes que ser una persona perfecta sin creencias limitantes para vivir una vida increíblemente abundante, solo tienes que rendirte y permitir que la gracia divina entre en tu vida.

La herramienta más poderosa para transformar tu vida es el darte cuenta de que no eres tus pensamientos ni quien crees que eres. Es tu capacidad de presentarte ante la vida conectada con tu poder personal y con humildad lo que transformará tu realidad.

Vida, estoy aquí. Enséñame lo que vine a vivir. Me rindo ante la sabiduría divina y me permito ser un canal para la creación divina.

TAREA DE HOY:

- Esta noche, antes de dormir, pídele a tu Ser Superior que limpie todos los bloqueos y distorsiones que te impiden ver tu futuro con claridad. Invoca la ayuda divina y verás que se te revelarán todos los regalos que la vida tiene para ti.

PERMITE
QUE TU
PRESENCIA
ACTIVE LA
ENERGÍA DE LA
ABUNDANCIA A TU
ALREDEDOR:
LA ABUNDANCIA
DE LA MADRE
TIERRA.

PARA TERMINAR...

Los humanos crean historias sobre sus vidas.
Y luego se creen estas historias y olvidan mirar más allá de ellas.
El alma vive la experiencia humana a través de estas historias,
como la protagonista de su propia película.

El alma siempre va a buscar la expansión.
Ella no sigue un continuo de tiempo y espacio, buscando así llevarte al crecimiento más grande disponible para tu consciencia en este momento.

La vida es una serie de ciclos sin principio ni fin.
Las líneas del tiempo se unen, se disuelven y se interceptan en distintos puntos de la realidad. Aunque la mente te haga creer la ilusión de continuidad en el tiempo, todo está conectado y ocurre en el tiempo divino.

La vida es aquí y ahora.
Nada más existe que el momento presente y tú eres un fragmento de esta consciencia indivisible, aunque la ilusión te haga sentir que estás separada.

Toda esta ilusión ocurre con un solo propósito.
Llevarte de vuelta a tu hogar, a la unión con la fuente de creación y el amor.
Permitirte sentir la unión divina, aunque sea un segundo.

Que la luz divina te acompañe en esta maravillosa experiencia.
Con cariño,

M J